叢書主編
張海鷗

讀懂
當代中國

當代中國

胡勘平　曹得寶　著

生態環境

中華書局

目　錄
Content

引　言

第一章　建設人與自然和諧共生的現代化中國

一、中華文明蘊含着人與自然和諧共生的
　　生態文化　　　　　　　　　　　　　　　/014

二、資源相對不足、生態系統脆弱、
　　環境容量有限的基本國情　　　　　　　/029

三、舉世矚目的生態奇跡和綠色發展奇跡　　/035

第二章　中國的生態保護與治理

一、劃定生態保護紅線　　　　　　　　　　/049

二、實施重大生態保護工程　　　　　　　　/054

三、大江大河系統保護治理　　　　　　　　/070

四、生態文明建設試驗示範　　　　　　　　/077

五、國家公園建設　　　　　　　　　　　　/087

第三章　中國的生物多樣性保護

一、中國珍稀瀕危物種保護成效顯著　　　　/100

二、中國控制外來入侵生物取得積極進展　　/108

三、中國自然保護區建設事業的誕生與發展　/116

四、加快推進國家植物園體系建設　　　　　/119

第四章	**深入打好污染防治攻堅戰**	
	一、戰略提出	/128
	二、大氣污染防治	/137
	三、水污染防治	/142
	四、土壤污染防治	/150
	五、海洋生態環境保護	/156
第五章	**堅定不移走綠色發展之路**	
	一、推行綠色生產	/165
	二、倡導綠色生活	/176
	三、完善體制機制	/184
第六章	**建設美麗中國**	
	一、美麗城市	/198
	二、和美鄉村	/206
	三、美麗河湖	/213
	四、美麗海灣	/221
第七章	**共建美麗地球家園**	
	一、積極參與全球氣候治理	/231
	二、推進共建綠色「一帶一路」	/239
	三、廣泛開展雙多邊國際合作	/248
	後　記	/258

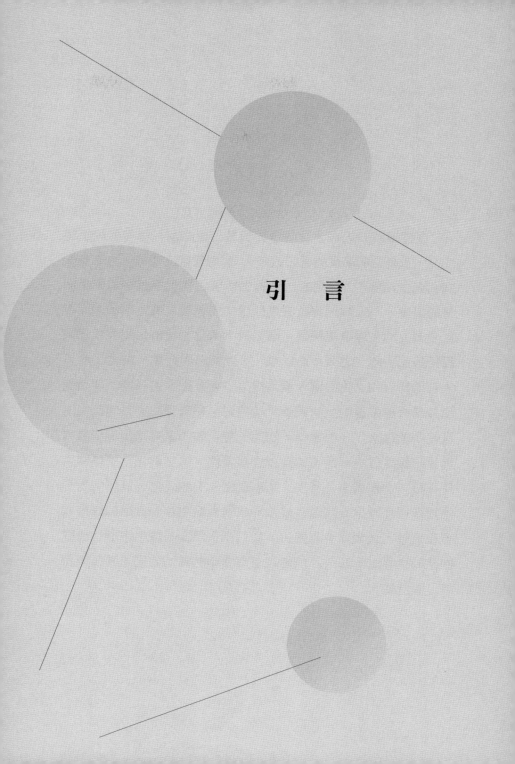

引　言

生態環境是人類生存的重要根基，是經濟社會發展的重要支撐，也是文明演進的重要載體。「生態興則文明興，生態衰則文明衰」，歷史上發生的一幕幕生態環境變化導致文明興衰演替的場景，為人類深刻認識生態環境問題帶來重要啟示。而現代意義上的生態環境保護，則是與工業化、城市化和現代化進程相伴而生的。工業革命以來，人類憑藉科技進步創造了前所未有的物質和文化財富，極大提高了社會生產力，同時開始面臨着越來越嚴重的生態破壞、環境污染和資源約束等問題。上世紀中葉以來，一些實現了初期工業化的國家陸續出現了震驚世界的嚴重污染事件（如倫敦煙霧事件、洛杉磯光化學煙霧事件、日本水俁病事件等），生態惡化、土地退化、氣候變化和生物多樣性減少等問題也日益形成對人類生存和發展的嚴重威脅和挑戰。人類逐步認識到，我們正生活在一個生態環境危機四伏的世界上，如果不能超越工業文明的負面效應，其後果將是災難性的。

【知識鏈接】

世界「八大公害事件」

「八大公害事件」通常是指西方國家在現代工業的興起和發展過程中發生的八次嚴重污染事件。

比利時馬斯河谷煙霧事件：1936 年 12 月，煉焦、煉鋼、硫酸等企業排放的大量煙氣覆蓋在馬斯河谷工業區的上空，致數千人患病，60 餘人死亡。

美國多諾拉鎮煙霧事件：1948 年 10 月，事件原因同樣都是污染物在近地面積累，造成 5910 人患病，17 人死亡。

倫敦煙霧事件：1952 年 12 月，大量工廠生產和居民燃煤取暖排出的廢氣在近地面積累，造成 4000 多人死亡，後又因事故得病而死亡 8000 多人。

美國洛杉磯光化學煙霧事件：1946 年至 1970 年，洛杉磯的 250 萬多輛汽車排放的機動車尾氣，其中氫化合物、氮氧化物、一氧化碳等在光照作用下形成以臭氧為主的光化學煙霧。據不完全統計，共造成 2000 多人死亡。

日本水俁病事件：日本熊本縣水俁市含甲基汞的工業廢水污染水體，使水中魚中毒，人食用魚後發病。1952 年—1972 年間，共計死亡 50 餘人，283 人嚴重受害而致殘。

日本富山骨痛病事件：日本富山縣鋅、鉛冶煉廠等排放的含鎘廢水污染了神通川水體，兩岸居民利用河水灌溉農田，使稻米和飲用水含鎘。1931 年—1972 年間，致 34 人死亡，280 餘人患病。

日本四日市氣喘病事件：日本四日市油冶煉和工業燃油產生的廢氣，嚴重污染城市空氣。1961 年—1970 年間，受害人 2000 餘人，死亡 10 多人。

日本米糠油事件：日本九州大牟田市一家糧食加工食用油工廠生產米糠油過程中，由於多氯聯苯生產管理不善，混入米糠油，食用後致人中毒。1968 年 3 月—8 月間，造成 5000 餘人患病、16 人死亡。

危機倒逼着文明的轉型。生態文明倡導實現人與自然和諧、發展與環境雙贏，是在積極探索經濟規律、自然規律和社會發展規律過程中實現的認識昇華，在繼承發揚了工業文明優勢與長處的同時也糾正了其自身難以克服的弱點和弊端，正在帶來發展理念和發展方式的深刻轉變，開啟人類文明發展的新時代。

中國是世界上人口最多的發展中國家之一，陸海疆域遼闊，地理環境獨特，自然條件複雜，生態系統脆弱。嚴峻的生態環境形勢要求我們必須高度重視生態環境保護。1972 年，聯合國在瑞典斯德哥爾摩召開首次人類環境會議，中國政府派出一個 40 多人的代表團參加會議。代表團帶回的信息讓中國領導人意識到：環境污染不僅僅發生在發達國家，而是全球面臨的共同挑戰。第二年即 1973 年的 8 月，中國第一次全國環境保護會議在北京舉行，與會代表們進一步明確認識到，中國也存在着比較嚴重的環境問題。以此為標誌，現代意義上的中國生態環境保護事業開始啟航發軔。

【延伸閱讀】

五十年前的灘江污染事件

20 世紀 70 年代初，在素有「桂林山水甲天下」之稱的廣西灘江，因為工廠污水的直接排放，出現了「一江黑水向東流」的情況。1973 年 10 月，剛剛復出工作的鄧小平指出：如果不把環境保護好，不把灘江治理好，即使工農業生產發展得再快，市政建設搞得再好，那也是功不抵過啊！在隨後兩年開展的治理活動中，灘江兩岸有 36 家污染嚴重的工廠被關閉，江水重現了碧波盪漾的景象。

從 20 世紀 70 年代後期全面推行改革開放以來，中國經濟持續快速發展，資源、生態和環境等問題逐漸成為中國面臨的重大問題。作為一個負責任的發展中大國，中國高度重視環境保護與生態建設工作，將環境保護確立為一項基本國策，採取了一系列重要的戰略措施，遏制環境惡化，保護生態家園。1979 年，《環境保護法（試行）》通過，10 年後的 1989 年 12 月，《環境保護法》正式頒佈。中國開展了一系列生態環境保護理論、政策、制度、法規建設，對工業和城市進行了大規模的污染治理。1994 年，《中國 21 世紀議程 —— 中國 21 世紀人口、環境與發展白皮書》把可持續發展作為長期發展的指導方針。在生態建設方面，中國實行了封山育林、退耕還林、退耕還湖、退耕還牧等政策措施，啟動了天然林保護工程。

儘管中國在生態環境保護上取得了顯著成就，但由於正處於工業化和城市化加速發展的階段，經濟增長和環境保護矛盾一直十分突出。在一些地區，水土流失、生態系統退化、土地沙化和荒漠化、生物多樣性消失等生態惡化現象有加劇趨勢，主要污染物排放量超過大氣、水、土壤等環境要素的承載能力，固體廢物、汽車尾氣、持久性有機物等污染增加。這既是由於經濟活動和人口壓力對生態環境的影響，同時也受到全球範圍氣候變化、生態破壞和環境污染等因素的影響。2011—2012 年，中國生態文明研究與促進會曾經組織開展關於當時中國生態環境狀況的調研，筆者參與了調研報告的撰寫。報告得出的結論是：由於自然環境脆弱、人口眾多、經濟增長粗放、環境監管滯後，中國生態環境面臨的壓力比世界上任何國家都大，環境資源問題比任何國家都突出，解決起來也比任何國家都困難。主要表現在：城市空氣污染狀況堪憂，水污染、水危機影響飲用水安全，土壤污染嚴重並從局部蔓延到區域；生態系統破壞，生態服務功能持續下降，生態「赤字」不斷增加；環境問題造成的投訴和羣體性事件不斷增多，影響社會穩定；能源資源的緊張形勢因粗放型發展方式及不合理的消費模式而加劇。報告指出，未來中國生態環境將面臨更大的壓力和嚴峻形勢，如果不從根本上調整發展思路，下大力氣推進生態文明建設，惡化的生態環境不僅將危及人們的身心健康和中國經濟社會的可持續發展，還可能危及到中華民族的生存與興衰。

　　保護生態環境就是保護自然價值和增值自然資本，改善生態環境就是增強經濟社會發展潛力和後勁。把生態環境優勢轉化成經濟社會發展的優勢，綠水青山就可以源源不斷地帶來金山銀

山。2012 年以來，中國把生態文明建設放在突出地位，納入中國特色社會主義事業「五位一體」總體佈局，以前所未有的力度抓生態文明建設，全國上下推動綠色發展的自覺性和主動性顯著增強，美麗中國建設邁出重大步伐，生態環境發生了轉折性、歷史性、全局性變化。2015 年，中共中央、國務院出台《關於加快推進生態文明建設的意見》、《生態文明體制改革總體方案》，生態文明重點任務及制度建設全面推開，隨着黨政領導生態環境損害責任追究、中央環境保護督察、生態環境監測網絡建設、生態環境損害賠償、自然資源資產負債表編制、領導幹部自然資源資產離任審計等重大舉措的深入實施，生態文明頂層設計和基層創新的有機結合不斷得到加強。同時，中國大力開展世界地球日、世界環境日、全國低碳日、全國節能宣傳週和全民義務植樹等形式多樣的主題宣傳活動，為生態文明建設營造了良好的社會氛圍，生態文明理念逐步深入人心。

經過半個世紀堅持不懈的努力，特別是近十幾年來力度空前的大規模治理，中國的生態環境保護事業取得了舉世矚目的成就。中國的淡水、森林、草原、濕地、農田、海洋等生態系統得到很大改善，生物多樣性得到有效保護，眾多珍稀動植物和瀕危物種的生存狀況得到極大改觀，全社會的生態環境保護意識進一步增強。中國持續大規模開展退耕還林和植樹造林，大力增加森林碳匯，已成為世界上森林資源增長最快、人工造林面積最大的國家。中國在開採資源時更加注重環境治理和生態恢復，並採取一系列措施保護和改善人居環境，把改善城鄉生活環境作為環境保護的重要內容，集中力量解決嚴重危害人民群眾健康的污染問題。中國是近年來節能減排力度最大的國家，為保護全球生態環

境作出了積極的貢獻。中國也是新能源和可再生能源增長速度最快的國家。在保護生態的基礎上，中國有序發展水電，積極發展核電，鼓勵支持農村、邊遠地區和條件適宜地區大力發展生物質能、太陽能、地熱、風能等新型可再生能源。中國的水電裝機容量、核電在建規模、太陽能熱水器集熱面積和光伏發電容量均居世界第一位。

2022年，中共二十大進一步強化了「人與自然和諧共生」等執政理念，確定了到2035年生態環境質量實現根本好轉、美麗中國目標基本實現和到本世紀中葉建成美麗中國的發展目標。中國將堅定不移走綠色發展之路，推進生態文明建設，讓人民在綠水青山中共享自然之美、生命之美、生活之美。當前，中國正在實施第十四個五年發展規劃（2021—2025），加快推進生態文明建設是「十四五」規劃的重要內容，中國生態環境保護進入了以降碳為重點戰略方向、推動減污降碳協同增效、促進經濟社會發展全面綠色轉型、實現生態環境質量改善由量變到質變的關鍵時期。

歲月不居，時節如流。從1973年中國第一次舉行全國環境保護會議算起，整整半個世紀過去了。回顧中國生態環境保護事業走過的風雨歷程，感受神州大地上發生的生態環境變化和綠色發展奇跡，傾聽一代代生態環境保護工作者篳路藍縷、開拓奮進的鏗鏘步伐，我們會更加深刻地體會和認識到：保護生態環境，建設美麗中國，儘管仍然面臨着重重困難，但中國人民有信心、有能力贏得這場「硬仗」的完全勝利，如期實現青山常在、綠水長流、空氣常新的美麗願景，建設生機勃勃、繁榮和諧的美麗中國，與國際社會一道守護好地球家園，創造更多的綠色奇跡，贏得更多的點讚和喝彩。

本書是《讀懂當代中國》叢書的分冊，全書內容共分 7 篇，分別以《建設人與自然和諧共生的現代化》《生態系統保護與修復》《生物多樣性保護》《深入打好污染防治攻堅戰》《堅定不移走綠色發展之路》《建設美麗中國》和《共建美麗地球家園》為題，從不同側面和角度介紹了中國在生態環境保護和生態文明建設方面的情況。書中既不迴避中國面臨的生態環境問題和挑戰，也着重介紹中國在保護生態環境方面付出的努力、目前的進展和取得的成就，以期回應廣大海外中文讀者的熱情關注，加深其對中國擔當、中國實踐和中國貢獻的理解，更加廣泛地凝聚建設美麗中國、美好世界的共識和力量。

第一章

建設人與自然和諧共生的現代化中國

改革開放以來，中國把節約資源和保護環境確立為基本國策，把可持續發展確立為國家戰略，大力推進社會主義生態文明建設。2012 年中共十八大以來，在習近平新時代中國特色社會主義思想指引下，中國堅定不移走生態優先、綠色發展之路，促進經濟社會發展全面綠色轉型，建設人與自然和諧共生的現代化，創造了舉世矚目的生態奇跡和綠色發展奇跡，美麗中國建設邁出重大步伐，廣袤中華大地天更藍、山更綠、水更清，人民享有更多、更普惠、更可持續的綠色福祉，也為共同構建人與自然生命共同體和共建繁榮清潔美麗的世界貢獻了中國智慧和中國力量。

　　人與自然是生命共同體，無止境地向自然索取甚至破壞自然必然會遭到大自然的報復。人類自誕生起就與自然緊密聯繫在一起，現代化使這一聯繫千百倍地拓展和深化。西方現代化模式下，資本對利潤無止境追逐，導致對自然無節制索取，在創造了極為豐裕物質財富的同時，也帶來了難以想像的環境創傷。20 世紀 30 年代至 60 年代發生的「世界八大公害事件」以極其慘烈的代價給人類敲響了警鐘。

　　中國人口規模巨大、資源相對不足、生態環境承載力較弱，這些基本國情決定了中國式現代化必須摒棄西方國家大量消耗資

源能源、肆意破壞生態環境的現代化老路，堅定不移走人與自然和諧共生之路，否則中國的資源環境壓力將難以承受。

中國要建設的現代化是人與自然和諧共生的現代化，既要創造更多物質財富和精神財富以滿足人民日益增長的美好生活需要，也要提供更多優質生態產品以滿足人民日益增長的優美生態環境需要。生態環境保護和經濟發展是辯證統一、相輔相成的，建設生態文明、推動綠色低碳循環發展，不僅可以滿足人民日益增長的優美生態環境需要，而且可以推動實現更高質量、更有效率、更加公平、更可持續、更為安全的發展，走出一條生產發展、生活富裕、生態良好的文明發展道路。

2012 年以來，中國政府把生態文明建設擺在全局工作的突出位置，做出一系列重大戰略部署，把生態文明建設納入「五位一體」總體佈局，把堅持人與自然和諧共生納入新時代堅持和發展中國特色社會主義的基本方略，把綠色發展納入新發展理念，把污染防治攻堅戰納入三大攻堅戰，把美麗中國納入建成社會主義現代化強國的戰略目標，全黨全國推動生態文明建設的自覺性和主動性顯著增強，中國生態環境保護發生歷史性、轉折性、全局性變化。但是，中國生態環境保護任務依然艱巨，推進美麗中國建設還需要付出長期艱苦努力。中國生態文明建設仍然面臨着諸多矛盾和挑戰，生態環境穩中向好的基礎還不穩固，從量變到質變的拐點還沒有到來，生態環境質量同人民羣眾對美好生活的期盼相比，同建設美麗中國的目標相比，同構建新發展格局、推動高質量發展、建設社會主義現代化國家的要求相比，都還有較大差距。建設人與自然和諧共生的現代化，必須堅持節約資源和保護環境的基本國策，堅持節約優先、保護優先、自然恢復為主

的方針，統籌產業結構調整、污染治理、生態保護、應對氣候變化，協同推進降碳、減污、擴綠、增長，形成節約資源和保護環境的空間格局、產業結構、生產方式、生活方式，促進生態環境持續改善，實現中華民族永續發展。

一、中華文明蘊含着人與自然和諧共生的 生態文化

當代生態思想和古老的生態智慧同根同源，很多有關生態保護和生態文明的理念都可以從中華傳統生態文化中找到理論源頭和歷史蹤跡。

中華文明源遠流長、生生不息。幾千年來，中華民族尊重自然、保護自然，倡導「天人合一」「眾生平等」「道法自然」，積澱了厚重的生態智慧和豐富的生態文化。中國古代很早就形成了質樸睿智的生態觀，其核心要義就是把人類和大自然視為一個整體，主張人應該與自然和諧相處。傳統文化典籍中很多論述都體現了這種強調人與自然和諧的理念。例如，《荀子·天論》中的經典名句「萬物各得其和以生，各得其養以成」，強調就是萬物和諧共生。南北朝時期傑出農學家賈思勰所著的《齊民要術》中，就有「順天時，量地利，則用力少而成功多」的記述。古人很早就把關於自然生態的觀念上升為國家管理制度。早在先秦時期，就專門設立掌管山林川澤的職官，掌管相關的政策法令。《周禮》中就有了「山虞掌山林之政令，物為之屬而為之守禁」，「林衡掌巡林麓之禁令，而平其守」的記載。中國也是世界上比較早對保

護自然環境立法的國家，歷史上不少朝代都有保護自然的律令並對違令者重懲，比如，周文王頒佈的《伐崇令》規定：「毋壞屋，毋填井，毋伐樹木，毋動六畜。有不如令者，死無赦。」中華文明關於天地人相統一、相適應，人類經濟社會生活對自然的索取要有節制的思想，可謂一以貫之、綿延不絕。

「天人合一」與儒家生態倫理

「天人合一」是儒家特別推崇的境界，這一思想也是中國古代生態倫理觀中的核心理念和重要命題。孔子最早提出「天人合一」的概念，漢代的董仲舒進一步概括為「天人感應」思想並形成哲學體系。關於「天人合一」這一生態倫理思想的觀點和論述，在儒家的很多經典著作中都可以找到。如「民受天地之中以生」（《左傳·成公十三年》），「故人者，其天地之德，陰陽之交，鬼神之會，五行之秀氣也……人者，天地之心也，五行之端也」（《禮記·禮運》），「天地人，萬物之本也。天生之，地養之，人成之」（《春秋繁露·立元神》）。《孟子》中說，「君子所過者化，所存者神，上下與天地同流」。朱熹也認為，「天地以生物為心者，而人物之生，又各得夫天地之心以為心者也」。程顥則強調「人與天地一物也」，只有承認天地萬物不是自己獨有，才能真正認識自己。

「天人合一」指自然與人類相互依存、相互制約、相互發展的關係，這一生態思想的哲學意蘊就在於人與自然之間處於一種互動的、協調發展的狀態，體現了人與自然的和諧相處。儒家認為，宇宙是統一的，天、地、人是合而為一的，人與天地萬物構

成一個共同體，遵循着共同的自然規律，相互依存，並不對立；人是自然界的產物，同時在自然界中佔有特殊的重要地位。儒家生態思想還強調了「天道」，即自然的規律和秩序認為自然界有其自身的規律和秩序，人類應該與自然和諧相處。

【延伸閱讀】

《易經》中的生態理念

從哲學理念上看，早在相傳形成於西周的《易經》（又名《周易》）中就提及「有天地，然後有萬物；有萬物，然後有男女」，「夫大人者，與天地合其德，與日月合其明，與四時合其序，與鬼神合其吉凶，先天而天弗違，後天而奉天時」。《易經》中還說，「天地交泰，後以財成天地之道，輔相天地之宜，以左右民」。意思是國家的治理者一定要使天與地相通（荀爽注《周易》曰，「坤氣上升，以成天道；乾氣下降，以成地道。天地二氣，若時不交，則為閉塞。今既相交，乃通泰」），使人與天地和諧共處。《易經》中還強調，要「觀乎天文，以察時變，觀乎人文，以化成天下」，意即通過觀察天地間的各種現象症候來感知時節的變化，通過觀察人世間的各種現象症候來教化天下。這說明早在 2000 多年前古人已經把「天文」與「人文」緊密地聯繫在一起，希望像順應「時變」那樣來「化成天下」。

「乾稱父，坤稱母；予茲藐焉，乃混然中處。故天地之塞，吾

其體；天地之帥，吾其性。民，吾同胞；物，吾與也。」天地猶如人的父母。在天地間流動的氣體是宇宙萬物的統一體，它構成了天地的實體，也構成了我的身體。天地變化的根本原因是自然本性，也是我的本性，民眾百姓都是我的同胞兄弟，宇宙萬物都是我的親密朋友。張載的這段關於「天人合一」生動闡述被後世學人概括為「民胞物與」思想，在儒家生態倫理觀中具有一定的代表性。

在儒家其他的一些核心理念中，「天人合一」思想也有所體現。比如，儒家主張要「敬畏天命」，而在孔子看來，所謂「天命」具有兩層含義：第一層含義是自然界萬事萬物及其存在的規律（如「君子有三畏：畏天命，畏大人，畏聖人之言」），第二層含義則是與社會治理有關的「天命」，即天的命令或天意（如「道之將行也與，命也；道之將廢也與，命也」）。人們在尊重自然規律的同時，要對自然保持一種敬畏心，「天人合一」就是「天道」與「天命」的有機統一。又如，在儒家「仁愛萬物」的理念中，有着「贊天地之化育」的重要內涵。儒家思想中的「仁」不僅僅針對人與人之間的人際交往，還包含着人對大自然、對生態環境的友善與熱愛，即幫助天地育化萬物，最終達到「天人合一」境界。

儒家認為，生產生活實踐要遵循和利用自然時節和萬物生長的規律。孟子強調「不違農時，穀不可勝食也；數罟不入灣池，魚鱉不可勝食也；斧斤以時入山林，材木不可勝用也」。《荀子》中也說：「草木榮華滋碩之時，則斧斤不入山林，不夭其生，不絕其長也。」《齊民要術》中有「順天時，量地利，則用力少而成功

多」的記述;《禮記・月令》則順應不同時令（節氣），對政府祭祀禮儀、職務、法令、禁令等作出規定;《呂氏春秋》中「竭澤而漁，豈不獲得，而明年無魚」;周文王頒佈的《伐崇令》規定「毋壞屋，毋填井，毋伐樹木，毋動六畜。有不如令者，死無赦」。古人從正反兩面告誡後人，要按照大自然規律活動，取之有時，用之有度。

「眾生平等」與釋家的生態理念

釋家文化是在從漢代傳入中國的佛教思想基礎上，歷經千年傳播和中國本土的儒家、道家文化有機融合而逐漸形成的，是中國傳統文化的有機組成部分。

釋家的生態理念源遠流長，可以追溯到佛教開始的時代。在佛教經典《四大部經》中，釋迦牟尼強調了人類必須與自然界和諧相處，尊重自然生態系統和一切生命的權利。釋家以「緣起論」為起點形成了統一的生態自然觀，其中「眾生平等」思想是其生命倫理觀的核心。「緣起性空」是指，世界上存在的任何一個事物都是由某種條件和合而生的，都有其存在的必然性且不是孤立地存在。用生態學來解釋，這就意味着自然界的生命體和生態系統都是相互依存的。當一個物種滅絕時，它的消失會對其他物種和生態系統造成影響。「緣起性空」思想教導人們要保護自然界，強調尊重生命，減少對自然資源的浪費和對生態環境的破壞。釋家認為，人與自然構成緊密的共生關係，這種關係存在於宇宙萬物中，宇宙萬物也因這種關係而平等。釋家把宇宙萬物按照生命形態分為兩類：有情眾生與無情眾生。有情眾生即一切有情識、有

感情、有靈性的生物，如人與動物等；無情眾生即自性本足、無情識的生物，如花草樹木、山川河流等。釋家主張眾生平等，不但認為有情眾生之間地位是平等的，無情眾生也是如此，不會因為花草樹木、山川河流的「無情」而輕視甚至破壞它們。

釋家的很多重要理念中，都包含着樸素的生態思想。如「勿殺生」理念，強調六道輪迴，認為眾生之間有着不可思議的親緣關係。從這點出發，釋家堅決反對殺生，相反還要懷着深深的感恩之情，善待一切眾生。這些生態智慧中蘊含着對有情眾生的平等與報恩、對無情眾生的自律與珍惜等理念，與我們今天所倡導的尊重自然、順應自然、保護自然具有一定的內在一致性。而「輪迴轉世」理念則認為生命處於永恆的循環中，當一個人死去後他的靈魂會轉世到另一個生命體中。這個理念教導人們尊重自然界的生命，因為每個生命都有其價值和目的。尊重生命意味着不僅要尊重人類的生命，也要尊重其他生物的生命。

釋家生態理念有益於人們理解自己與自然界的聯繫，同時平靜地面對自然界的變化。佛家的修行是一種與生態保護緊密相關的生活方式，注重個人對自然界的責任，強調一個人的行為會影響到整個生態系統。佛教的修行還強調了減少物質貪慾和浪費，這有助於減少對自然資源的消耗。

應用到現實生活和生產實踐上，釋家的生態理念強調：一是要保護自然。釋家主張要尊重自然界的生態系統和生命，採取措施減少對生態環境的破壞。例如，佛教徒通常不會捕獵或殺死動物，而是選擇素食。二是要減少浪費。佛教徒倡導節制食物和其他生活物品的消費，減少對自然資源的消耗和破壞。三是要重視環保。佛教徒通常會主動採取措施保護和改善他們的生活環境，

如清理垃圾、植樹造林等，讓寺廟成為一方淨土。對現代社會而言，釋家的生態理念和實踐不僅在於可以促進生態環境保護和可持續發展，還可以通過有針對性地解決精神壓力、物質貪慾、資源浪費等問題來提升人們的生活質量，實現身心安寧和生態和諧。

「道法自然」與道家的生態思想

　　道家文化是中國優秀傳統文化的另一支主脈。生態理念貫穿於道家思想體系的各方面和發展的全過程。道家生態理念認為，自然界中的萬物是相互關聯、相互依存的整體，人類應該尊重自然、依賴自然、與自然和諧共生。

　　道家生態思想的基本內涵是「道法自然」，即「道效法和遵循的是萬物成就自己的性質」。這是自然哲學的基本觀點，也是道家思想的核心。《老子》中，「道」主要有兩種含義，一是指形而上的實存者，即構成宇宙萬物的最初本源。最有代表性的是「有物混成，先天地生，寂兮寥兮，獨立而不改，周行而不殆，可以為天地母。吾不知其名，字之曰道」。二是指宇宙萬物的發生、存在、發展、運動規律和法則，而且是總規律總法則，如「道生一，一生二，二生三，三生萬物」。「自然」主要是指「萬物不依靠外在的力量、自己成就自己的性質」。《老子》中說「人法地，地法天，天法道，道法自然」，認識到人之所以應效法道，是因為道具有「自然無為」的特性，體現着宇宙秩序的和諧。人類與天地萬物有着整體性和統一性。這種生態思想與現代生態學的觀點相契合，強調了人與自然的相互依存和相互影響。人與自然是

同脈相連的有機統一整體，因此要「與天地合其德，與日月合其明，與四時合其序」。道家文化告誡我們天地人需和合共生，人與自然要和諧相處《道德經》說「生而不有，為而不恃，長而不宰」，更強調「衣養萬物而不為主」，即告誡人們要善待萬物，滋養其生長，要承擔起人類對自然萬物所應肩負的責任，但不能隨意主宰萬物的生命，這樣才能夠「若可託天下」。莊子將老子的敬畏生命、衣養萬物思想進一步發揚，體現出道家先賢對生命的敬畏和關切。

　　現實中「天」和「人」是相互獨立的，天有天道，人有人道。《老子》云，「天之道損有餘而補不足，人之道則不然，損不足以奉有餘」。人類的理性使人的行為常常帶有很強的目的性，而這些直接的目的通常有悖於天之道，這種相悖最終會導致人類不能延續「生」，更不能實現生生不息。因此，道家主張人類行為應以「天之道」為原則，以天之道糾正人類的行為；道能創生一切人、事、物，萬事萬物又循道而行。道家的生態倫理思想在人與自然關係上的反映就是「無為而治」。「無為」並不是說人可以無所不為，或者肆意妄為；相反，「無為」指的是自然的一種圓滿的、自給自足的天然狀態，即自然之道、自然有道。因此，人應該尊重自然、順應自然的演化過程，讓萬物「自足其性」，自然地得到發展。如果反其道而行之，勢必會破壞萬物的自然狀態，進而危害到人類自身。這些觀念都強調要把天地人統一起來、把自然生態同人類文明聯繫起來，按照大自然規律活動，取之有時，用之有度，表達了我們的先人對處理人與自然關係的重要認識，為我們推進人與自然和諧共生的現代化提供了重要的思想啟迪。

世界文化遺產都江堰：
閃耀着傳統生態智慧光芒的水利工程

　　都江堰建成於春秋戰國時期，至今仍在發揮着重要的水利功能。都江堰扼岷江上游與中游交界的咽喉，其水患曾長期禍及成都平原。戰國時期，秦國蜀郡太守李冰和其兒子吸取前人治水經驗，修建了著名的都江堰水利工程。工程充分利用當地西北高、東南低的地理條件，根據江河出山口處的特殊地形、水脈、水勢，因勢利導，無壩引水，自流灌溉，使堤防、分水、泄洪、排沙、控流相互依存，共為體系，保證了防洪、灌溉、水運和用水綜合效益的充分發揮。工程設計精巧、佈局合理，成功解決了魚嘴分水、飛沙堰泄洪排沙、寶瓶口引水等許多複雜的水利工程問題，既控制了岷江水患，又使水資源得到充分利用。歷經兩千多年的拓建與經營，都江堰迄今仍有灌田、水運和調洪之利，體現了「人法地，地法天，天法道，道法自然」生態智慧的強大生命力。

人與自然和諧共生：中華傳統生態智慧的精髓

　　中國傳統儒釋道三家所持有的生態自然觀雖然內涵不盡相同、表述各有特點，但在對人與自然關係的認識上都秉持着同一個原則，即人與自然具有內在統一性。儒家以「天人合一」作為生態思想的哲學基礎，把人與自然視為一個統一體，明確提出人

與自然關係的一致性；釋家則以「眾生平等」的悲憫之心，提出「一切眾生悉有佛性，如來常住無有變易」。道家「道法自然」的生態倫理思想把天地人視為一個有機的統一整體，天道與人道和諧統一，「天地與我並生，而萬物與我為一」。這些對人與自然關係的探究，成為中華傳統文化的重要智慧寶藏。

【案例】

桑基魚塘：人與自然和諧共生的傳統範例

桑基魚塘是中國古人按照「順天時，量地利」和天地人和諧統一的理念創造出來的生態農業模式，不僅可以緩和人、地、水等的緊張關係，還可以較好地保護生態環境。桑基魚塘蘊含着古代先人的智慧，將中國傳統哲學中「天人合一」的最高理想融入了一點一滴的尋常勞作中。

早在春秋戰國時期，太湖岸邊有一些地勢低下、常年積水的窪地，當地人便將其挖深變成魚塘，挖出的塘泥則堆放在四周墊高作為塘基。久而久之，「塘基上種桑、桑葉餵蠶、蠶沙養魚、魚糞肥塘、塘泥雍桑」的桑基魚塘生態模式延續了下來。

桑基魚塘系統是一種具有獨特創造性、集多種生產類型為一體的生態循環經濟模式，利用生物互生互養的原理，低耗、高效地精耕細作，同時對生態環境「零」污染。整個系統中，魚塘肥厚的淤泥挖運到四周塘基上作為桑樹肥料，由於塘基有一定的坡度，桑地土壤中多餘的營養元素隨着雨

水沖刷又源源流入魚塘養蠶過程中的蠶蛹和蠶沙作為魚飼料和肥料。系統中的多餘營養物質和廢棄物周而復始地在系統內進行循環利用，沒有給系統外的生態環境造成污染，對保護周邊的生態環境、促進經濟的可持續發展，發揮了重要的作用。

根據時節變化統籌安排農事活動，也是桑基魚塘系統的一大特點。當地村民於正月、二月管理桑樹，放養魚苗；三月、四月為桑樹施肥；五月養蠶，六月賣，蠶蛹用來餵魚；七月、八月魚塘清淤，用塘泥培固塘基；年底幾個月除草餵魚。正如明代《沈氏農書》中記載，「池蓄魚，其肥土可上竹地，餘可壅桑、魚，歲終可以易米，蓄羊五六頭，以為樹桑之本」，可取得「兩利俱全，十倍禾稼」的經濟效益。

桑基魚塘的發展，既促進了種桑、養蠶及養魚事業的發展，形成了桑地和池塘相連相倚的水鄉生態農業景觀，又帶動了加工業的前進，還孕育出了特有的蠶桑文化。「處處倚蠶箔，家家下魚簽」，共同描繪了一幅桑茂、蠶盛、魚旺，人與自然和諧共生的水鄉美景。

中國傳統儒釋道生態智慧注重整體性、系統性思維，將天地萬物的存在、發展和滅亡的變化過程當作是一個和諧、有序的整體系統，始終認為人與自然、人與人之間是相互聯繫、不可分割的。人們要了解事物的本質，必須將其置於整體中，任意割裂事物間關係的行為，就不能對其本性有正確的理解。儒家「天人合一」思想闡述了人與自然共生、共存、共榮的觀點。釋家追求的

是對整體的把握，認為人和其他所有生物都是相互依存的關係，「一切地水是我先身，一切火風是我本體」。道家也繼承了這種天人合一、物我合一的思想觀念，認為天地人「本同一元氣，分為三體」，三者相結合就構成了宇宙萬物。因此，人們要想真正了解整個生態系統，必須保證生態系統的整體性、系統性，只有這樣才能真正參透世間萬物。當代中國倡導建設「山水林田湖草沙生命共同體」、「中華民族共同體」和「人類命運共同體」等，這些重要理念中都閃爍着傳統生態智慧中整體系統思維的光芒。

中國傳統生態智慧的一個重要特點，就是尊重自然規律，順應自然之道，充分利用和天地運行、萬物生長所具備的自然生產能力。自然界的萬事萬物都有其固定的運行規律，這種規律是客觀的，是先於人的意識並且不以人的意識為轉移的客觀實在，是可以被我們人類所認識的。

中國傳統儒釋道三家所蘊含的生態智慧儘管在表述上有一定差異，但是都致力於天人關係的和諧發展，而且都強調發揮人的主觀能動性和客觀規律性的統一。一方面，發揮人的主觀能動性是認識、掌握和利用客觀規律的必要條件。另一方面，尊重客觀規律是發揮主觀能動性的前提和基礎。這一規律強調人與自然是緊密的和諧共生關係，保護自然也就是保護人類自身。這要求人類在探索自然的過程中摒除自我的狹隘意識，不能將人類自己的主觀意願強加於自然，讓其以固有的方式生存發展，保持最自然的本性。中國傳統儒釋道生態智慧的重大突破就在於改變了以往傳統對於自然現象的單純研究，轉向揭示了主觀能動性與客觀規律性辯證統一的哲學關懷。

【延伸閱讀】

《四千年農夫》推崇的中國傳統農業生態理念

中國是一個文明古國，悠久的農耕文明孕育了「以糞肥田」的傳統生產生活模式。中國傳統農業對糞污的收集、發酵和使用，既保證了地力肥沃，同時解決了由糞便垃圾和廢棄物所引發的環境污染問題。上世紀初，美國農業部土壤局局長、威斯康星大學教授富蘭克林‧金考察了以中國為代表的東亞農耕體系，撰寫出版了《四千年農夫》一書。金教授從農業生產「人—肥—土—農產品—人」物質循環角度出發認識到，這種廢棄物的處理方式既能在減少化肥等外部投入的情況下培肥了土壤，又能避免廢物直接排入外部水體導致污染和健康威脅，完美體現了農業的多功能性。著名社會人類學家費孝通教授高度讚賞書中所指出的：「中國人像是整個生態平衡裏的一環，這就是人和土的循環，人成為這個循環的一部分。」

中華優秀傳統文化是中華民族最穩定的精神基因。儒釋道三家相互融合、各有側重、互為補充，是中華文化道統和傳統社會治理的主流模式。三家思想中都秉承了人與自然和諧共生的生態觀念。實現中華民族乃至全人類的永續發展，我們必須弘揚中華傳統生態智慧，深刻認識人與自然萬物的共生共榮關係，從解決人與自然和諧關係的價值觀念和實踐路徑入手構建新的生態倫理觀。

深入發掘傳統生態智慧的當代價值

「問渠那得清如許，為有源頭活水來。」繼承發揚傳統生態智慧，對於今天的中國生態環境保護事業依然有着重要的時代價值。在如今邁向建設富強民主和諧文明美麗現代化強國的時代浪潮裏，我們更要提高保護意識，善待生態環境，關注和促進人與自然的和諧共生。

中國傳統生態文化有着深刻的哲理、豐富的論述和樸素的智慧，對於今天我們調整人與自然關係，構建新的更加科學的生態文化，仍然具有現實、重大而深遠的借鑒意義。德國漢學家卜松山就曾在評價中國古代「天人合一」思想時指出：「在環境危機和生態平衡受到嚴重破壞的情況下，強調儒家的天人合一，或許可以避免人類在錯誤的道路上越走越遠。」著名的中國科技史專家李約瑟也認為，中國的智慧與西方征服自然的傳統是很不一樣的，尤其是道家自然無為的思想，主張主體與客體合而為一，人與自然和睦相處，才是真正有助於人類的物質福利和長久生存。美國著名學者卡普拉高度讚揚《易經》中關於自然的永恆循環節律和陰陽動態平衡的思想，特別是道家關於自然界的非線性的相互聯繫的生態系統觀，以及「道法自然」的智慧，認為這些都為人類在當代生態危機的轉折關頭提供了有益的啟示。美國中美後現代發展研究院創始院長、美國國家人文與科學院院士小約翰‧柯布認為，「當今世界迫切需要一種令人信服的綜合性的洞察力——一種能夠把諸多知識碎片整合為某種一般的、內在一致的統一體的思維方式」，而「就主張用有機聯繫的眼光看待事物而言，中國傳統文化可以說是深度生態的……整全性思維在中國依然擁有深厚

的土壤」，因此，他一直主張，「人類生態文明的希望在中國」。

中華文明蘊含的人與自然和諧共生的生態文化，千百年來給我們提供了寶貴而多元的生態意識和生態智慧，對於新時代建設「中國式現代化」也具有重要的現實意義，可以給我們帶來豐富的思想啟發和實踐指導：一是強化整體思維。儒家的「天地萬物一體」，道家的「天地與我並生，而萬物與我為一」，佛家的「法界緣起」、「依正不二」，都是把天地萬物與人類看作一個整體。正是這種中國古代「天人合一」的整體論哲學，被稱為「中國傳統文化的根本精神與最高境界」。中國傳統生態文化將天道與人道貫通於一體。認為宇宙萬物的秩序與人類社會的秩序雖然各有其特點，但兩者之間應該是和諧一致的；自然的生態秩序與人類的社會秩序應圓融無礙，人際道德與生態道德也應相互兼顧、相互協調。因此，能夠做到在對人類行善的同時又能仁慈友善地對待自然萬物。二是樹立平等理念。傳統生態智慧認為，萬物都是平等的，人類應該使萬物廣泛協調，而不使每一物失去其自身在宇宙中的特殊意義。道家講「物無貴賤」「物我同一」「萬物皆一」，佛家講「無情有性」「有情、無情，皆是佛子」，都體現了尊重生命價值的思想觀念。三是倡導好生之德。仁慈好生、長養萬物是中國古代生態文化的固有價值，所有生命出於一源，萬物皆生於同一根本，萬物與之間互為條件。因此，人類應當效法天地之生德，愛護萬物、尊重生命。這種仁慈好生的生命關懷，對於當今生態環境保護尤其是野生生物保護運動，無疑是很好的借鑒。四是強化制度保障。中國古代統治者基於對人與自然共存關係的認識而制定了大量有關禁止濫伐、濫採、濫獵、濫漁等方面的法律和制度規定，後世概括為「聖王之制」。這些法律和制度規定反

映了當時對於生態資源再生能力的正確認識，從一個側面反映出制度手段在保護自然中的重要作用。

總之，中華傳統生態文化為當代人重新認識人與自然關係的研究與思考，作為一種獨特的精神視野和可貴的傳統智慧，為當代人思考如何改善人與自然的關係提供了豐厚的精神養料和文化資源。

二、資源相對不足、生態系統脆弱、環境容量有限的基本國情

陸海疆域遼闊、人口規模巨大、資源相對不足、生態系統脆弱、環境容量有限，這些都是中國基本國情的重要特徵。中國自然資源絕對量大，但人均國土面積和自然資源量低，地域分佈不均衡，很多地方在發展過程中面臨着資源約束趨緊、生態退化嚴重、環境承載能力達到或接近上限、氣候災害頻發等資源生態環境問題。

資源相對不足

中國有着 14 億人口，陸域海域廣闊，自然資源總量豐富、種類較為齊全（中國是世界上少數幾個礦種比較齊全的國家之一）。同時，中國的人均自然資源佔有量遠低於世界平均水平。比如，中國人均耕地面積不足世界平均水平的 1/2，宜居程度較高的土地面積只佔中國陸地國土面積的 19%；人均淡水資源量僅為世界平均水平的 1/4，且時空分佈極不平衡；油氣、鐵、銅等大宗礦

產人均儲量遠低於世界平均水平，對外依存度高；人均森林面積僅為世界平均水平的 1/5，近一半木材依賴進口。

中國土地資源絕對數量大，人均佔有少；土地類型複雜多樣，耕地比重小；利用情況複雜，生產力地區差異明顯；地區分佈不均，保護和開發問題突出。目前，中國東部地區的土地開發強度普遍過大，不宜再進一步增加；中西部地區排除不適宜開發的荒漠、高山及必須保護的耕地和生態用地，其現有土地資源也非常有限。

中國的水資源制約作用更加明顯，水生態系統破壞嚴重。中國的水資源可利用量為 7524 億立方米，為保障糧食生產和生態安全，農業用水量和生態用水量應分別至少保持在 3900 億立方米和 2400 億立方米左右，這樣工業和生活用水就僅餘 1200 億立方米左右。中國的水資源分佈極不均衡，北方地區的水資源分佈面積佔全國的 64%，降水量佔全國的 32%，而北方的國土面積、人口、耕地面積和 GDP 分別佔全國的 64%、46%、60% 和 45%，其中黃河、淮河、海河的水資源總量合計僅佔全國的 7%，人均水資源佔有量不足 450 立方米，人與自然爭水的現象嚴重。

在礦產資源和能源方面，中國能源近七成依賴於煤炭，而煤炭卻是造成環境污染的最大來源；在其他能源資源中，原油對外依存度已接近 60%，天然氣對外依存度也已達到 30%，鐵礦石對外依存度超過 68%，銅精礦、鋁土礦對外依存度分別達到 64% 和 75%。中國的能源消費量約佔世界能源消費總量的 1/4，給應對氣候變化工作造成了極大的壓力。工業化和城鎮化對鋼鐵、水泥和化石能源的大量消耗是一種難以避免的剛性需求，城鎮住房、道路交通以及管網等城市基礎設施的大規模建設不可避免。當前，

中國仍處於工業化發展中後期，工業能源消費需求呈現繼續放緩的趨勢。其中，化工、建材、鋼鐵和有色四大高耗能行業的能源消費量佔全社會的比重一直保持下降態勢，但建築用石、混凝土水泥製品、玻璃纖維及製品、專用化學品、精細化學品等高附加值產品則增長較快。居民消費水平的提升使中國能源資源的剛性需求在未來較長時間內難以改變，消費端帶來的溫室氣體排放壓力日益增加。未來 50 年是中國城鎮化和工業化加速推進的重要歷史階段，生活消費和工業製造帶來的能源消費量將在較長時間內保持高位。由於中國資源稟賦所限，能源結構以煤為主的結構特徵短期內仍不會改變，人均能源佔比也遠低於世界平均水平。

由於利用不當、管理不善，中國自然資源遭到破壞和浪費的現象也比較嚴重。總體而言，中國自然資源相對不足，形勢嚴峻，已經成為制約經濟社會發展和生態環境保護的瓶頸和短板。

環境容量有限

環境容量是人們對環境能夠接納污染物能力的統稱。一個特定的環境對污染物的容量是有限的，其容量的大小與環境空間的大小、各環境要素的特性、污染物本身的物理和化學性質有關。環境空間越大，環境對污染物的淨化能力就越大，環境容量也就越大。對某種污染物而言，它的物理和化學性質越不穩定，環境對它的容量也就越大。環境容量與資源環境承載力密切相關。雖然目前在全國環境容量方面的官方研究成果還不多，但業內專家普遍認為，中國環境容量有限，資源環境承載力不足。在 2018 年 6 月 16 日《關於全面加強生態環境保護　堅決打好污染防治攻

堅戰的意見》中，中共中央國務院也作出了中國「資源環境承載能力已經達到或接近上限」的重要結論。隨着經濟社會的快速發展，中國長時間、大區域和跨區域的霧霾、沙塵暴和土壤、水體污染的常態化以及由此進入頻發期的食品安全事故，已成為影響社會經濟可持續發展的重要「瓶頸」。一些地區生態環境污染和生態破壞的範圍、規模、涉及人口、嚴重程度及其造成的危害都已經達到或接近生態環境所能承受的極限。

生態系統脆弱

獨特的地理環境也加劇了中國地區間的不平衡。在當今的「胡煥庸線」的東南方約 43% 的國土上居住着 94% 的人口，西北方約 57% 的國土以草原、戈壁沙漠、綠洲和雪域高原為主，生態環境非常脆弱。突出表現在：土地生態破碎化嚴重，生態安全問題突顯。飛速擴大的城市羣，無序蔓延的城市，各種方式的土地開發、建設項目和水利工程等都使自然景觀日益破碎化，自然過程的連續性和完整性受到嚴重破壞。生態用地與生產用地的衝突日益突顯，部分區域大量開發灘塗、沼澤等自然濕地，以及山丘坡地等生態用地以維持耕地平衡，過度開墾又導致水土失衡，使生態危機加劇。中國的後備土地資源主要分佈在西北生態脆弱區，且約三分之二為難利用土地，同時西北地區的水資源已過度開發，水土失衡嚴重，無新墾耕地潛力。耕地棄耕、林地低效、草地利用粗放問題突出。耕地集中新增地區的水土利用失衡，局部地區土地荒漠化加劇。當前，中國的水土流失狀況雖總體好轉，但局部地區依然嚴重。土壤污染總體形勢相當嚴峻，成為土

地安全的最大威脅。

生態環境保護正處於「壓力疊加、負重前行的關鍵期」

當前中國生態環境保護仍處於爬坡過坎的關鍵時期，各種矛盾交織複雜，環境治理結構複雜且面臨諸多困難。尤其是在推動產業結構、能源結構的調整升級方面，部分地區仍非常依賴傳統產業的存在路徑，結構性污染問題突出。目前政府、企業、社會公眾在生態環境保護參與過程中力量仍顯分散，整體協同效應尚待提高。2023 年 4 月底，中華人民共和國生態環境部部長黃潤秋在受國務院委託向全國人大常委會彙報工作時指出，當前中國生態環境保護正處於「壓力疊加、負重前行的關鍵期」，推進美麗中國建設任務依然艱巨，需要付出長期艱苦的努力。

當前，中國生態環境保護工作中的基礎性、結構性問題依然突出，同時面臨着一些新的問題與挑戰。一是生態環境穩中向好的基礎還不穩固。全國還有近三分之一的城市空氣質量不達標，空氣質量受不利氣象條件影響較大，2022 年夏秋季臭氧污染突顯，部分區域優良天數比例同比下降，渤海入海河流總氮濃度持續反彈，黑臭水體從根本上消除難度較大，藍藻水華、水生態失衡問題依然存在，部分地區土壤污染持續累積，嚴重生態破壞現象屢有發生，農村生活污水無序排放問題突出，農業面源污染尚未得到有效治理，突發環境事件多發頻發的高風險態勢仍未根本改變。噪聲、油煙、惡臭等成為影響羣眾獲得感的突出環境問題。二是生態環境保護結構性壓力依然較大。中國還處於工業化、城鎮化深入發展階段，產業結構調整和能源轉型發展任重道

遠，統籌環境保護與經濟發展難度加大。受國內外多重因素影響，2022 年能耗水平較低的服務業增速大幅放緩，單位 GDP 二氧化碳排放降低指標未能達到年度目標要求。三是生態環境領域法律實施和監管不到位的問題依然存在。一些企業環保責任有所鬆動，有的地方片面追求經濟增長、項目投資，落實環保責任的主動性、自覺性還有待加強。生態環境法治意識、法律普及仍有欠缺，部分法律制度措施執行不夠到位，生態環境法治體系需要進一步完善。四是生態環境治理能力有待提升。生態環境經濟政策體系還不健全，生態環境基礎設施薄弱仍是突出短板，市場化機制亟需加快推進，生態環境科技支撐能力與精細化管理需求相比還不適應，基層生態環境部門監測執法、應急處置能力不足，核與輻射安全監管能力與日益繁重的監管任務要求相比存在差距。

2022 年中共二十大報告深刻闡述了中國式現代化是人與自然和諧共生的現代化，強調必須站在人與自然和諧共生的高度謀劃發展。報告在進一步明確到 2035 年「廣泛形成綠色生產生活方式，碳排放達峰後穩中有降，生態環境根本好轉，美麗中國目標基本實現」的基礎上，將「城鄉人居環境明顯改善，美麗中國建設成效顯著」列為未來 5 年的主要目標任務，要求推進美麗中國建設，牢固樹立和踐行綠水青山就是金山銀山的理念，堅持山水林田湖草沙一體化保護和系統治理，統籌產業結構調整、污染治理、生態保護、應對氣候變化，協同推進降碳、減污、擴綠、增長，推進生態優先、節約集約、綠色低碳發展。報告從「加快發展方式綠色轉型」、「深入推進環境污染防治」、「提升生態系統多樣性穩定性持續性」、「積極穩妥推進碳達峰碳中和」4 個方面作出了部署，力度更大、措施更嚴、要求更高。

三、舉世矚目的生態奇跡和綠色發展奇跡

近年來，中國政府以前所未有的力度抓生態文明建設，從思想、法律、體制、組織、作風上全面發力，謀劃開展了一系列根本性、開創性、長遠性工作，生態文明建設發生歷史性、轉折性、全局性變化，推動綠色發展的自覺性和主動性顯著增強，走出了一條生產發展、生活富裕、生態良好的文明發展道路，美麗中國建設邁出重大步伐，生態文明建設取得了舉世矚目的歷史性成就。

生態文明建設是關係人民福祉、民族未來和中華民族永續發展的千年大計、根本大計，也是中國特色社會主義事業「五位一體」總體佈局的重要組成部分。近年來，中國全方位、全地域、全過程加強生態環境保護，污染治理力度之大、制度出台頻度之密、監管執法尺度之嚴、環境改善速度之快都是歷史上前所未有的。過去十幾年來，全國推動綠色發展的自覺性和主動性顯著增強。

【典型案例】

沙漠中的「光伏綠洲」

中國沙漠總面積約 70 萬平方千米，佔全國陸地總面積的 7.3%。如果算上戈壁等，中國荒漠地區大約有 260 萬平方公里，約佔國土總面積的 27%。其中中國西北乾旱區又是中國沙漠最為集中的地區，佔中國沙漠總面積的 80%。

沙漠地區往往降水少，蒸發量大，導致植物等生命十分

稀少。植樹造林確實好，但大部分沙漠地區的生態環境是無法通過植樹造林來改變的，因為這些地區之所以會存在大面積的沙漠，並不是人為原因造成的，而是因為受到了氣候影響，年平均降水量低於 200 毫米，這樣的降水條件根本不足以支撐植物生存。

這廣袤的沙漠雖然貧瘠，卻也蘊含着很大的機遇。現在太陽能發電技術越來越成熟了，人們通過在部分條件不是太惡劣的沙漠地區建造光伏生態發電站，不僅能將太陽能源源不斷地轉化成綠色清潔的電能，還實現了「發電、治沙、牧羊」三不誤，被網友們稱之為光伏治沙。

據相關資料顯示，目前中國已建成的最大光伏發電基地是青海塔拉灘光伏電站，佔地面積約 600 多平方公里，接近一個新加坡的面積大小，該電站也是世界上最大的光伏發電站之一。光伏發電量會受日照時長等因素影響。若按照青海塔拉灘光伏電站的佔地規模和年發電量進行計算，一平方公里的土地利用光伏一年大約能夠輸出約 1600 萬度電。數據顯示，青海塔拉灘光伏電站年發電量已達 100 億度左右。並且這個發電站也已經實現了板上發電、板下牧羊。

專家認為，把治沙和發電結合起來，是非常好的沙漠治理模式，值得大力推廣。太陽能光伏板遮擋了部分陽光，不僅減少了土壤中水分的蒸發，還從一定程度上減弱了風蝕作用，為草的生存提供了有利條件。通過在光伏板下面種草，保持水土，減少沙塵，再通過養羊控制草瘋長，最終不僅實現了光伏治沙，還為當地人創造了一些就業崗位。

綠水青山就是金山銀山成為全社會的共識和行動，簡約適度、綠色低碳、文明健康的生活方式成為新時尚。隨着生態文明理念在全社會廣泛傳播，生態文明意識已經深入人心，熱愛自然、保護環境的社會行為規範逐漸形成。2021年中國社會科學院生態文明研究所調查顯示，社會公眾對生態文明建設高度認同。2022年3月，新華社聯合百度發佈《大數據看2022年全國兩會關注與期待》，生態文明位列第四。各地積極投入生態文明建設實踐，持續推進示範創建，到2022年底為止，生態環境部先後組織命名6批共468個國家生態文明建設示範區和187個綠水青山就是金山銀山實踐創新基地。生態文明建設領域湧現出許多優秀個人和集體，發揮了示範引領作用。

【典型案例】

黑臭水體治理的「那考河模式」

那考河是廣西壯族自治區南寧市內河竹排江上游兩大支流之一。以前，那考河是一條遠近聞名的臭水溝：河道狹窄、荒草叢生、廢水排入、氣味難聞……河道沿岸有40個污水直排口，水質多為劣V類，行洪不暢，經常造成上游內澇。

針對以往內河整治中「頭痛醫頭腳痛醫腳」的問題，南寧市提出了全流域治理和海綿城市建設相結合的創新理念，全流域同步啟動、統籌推進，實現「一條龍」治水。那考河流域綜合治理從河道治理、兩岸截污、污水處理到水生態修

復、景觀建設（「旱溪」「植草溝」「潛流濕地」「淨水梯田」等一系列海綿化設施），在主河道上游設置一座再生水廠，通過建設截污管道，將河道兩岸及周邊片區的污水就近接納進廠處理，再經生態淨化後達到地表水 IV 類標準，排入河道作為補水。

流域綜合治理繪就了生機盎然的城市生態畫卷：河道沿岸花海色彩斑斕，河水清澈見底，白鷺、水鴨等野生鳥類在岸邊的草叢裏安家……那考河榮獲「中國人居環境」範例獎，入選綠色政府和社會資本合作（PPP）項目典型案例和廣西第一批美麗幸福河名錄。

如果想了解當前中國生態環境的具體狀況，最新的權威報告是生態環境部 2023 年六五環境日前夕發佈的《2022 中國生態環境狀況公報》和《2022 年中國海洋生態環境狀況公報》。這兩個公報顯示，全國生態環境質量明顯改善，主要體現在「四個更加」：

空氣更加清新。全國環境空氣質量穩中向好。2022 年，全國 339 個地級及以上城市 PM2.5 平均濃度為 29 微克 / 立方米，「十三五」以來已實現「七連降」，6 項主要污染物平均濃度連續 3 年穩定達標，重度及以上污染天數比例為 0.9%，同比下降 0.4 個百分點。京津冀及周邊地區、長三角地區、汾渭平原等重點區域空氣質量改善明顯。

水體更加清澈。地表水環境質量持續向好，水質優良（Ⅰ—Ⅲ類）斷面比例為 87.9%，同比上升 3 個百分點，實現「十三五」以來「七連升」，劣 Ⅴ 類水質斷面比例為 0.7%，同比下降 0.5 個百分點。重點流域水質持續改善，長江、珠江流域等水質持續為

優，黃河流域水質明顯改善，淮河、遼河流域水質由輕度污染改善為良好。全國地下水水質總體保持穩定，Ⅰ—Ⅳ類水質點位比例為 77.6%。管轄海域海水水質整體持續向好，水質優良海域面積比例持續提升、劣四類海域面積持續下降。符合一類海水水質標準的海域面積佔 97.7%，同比上升 0.9 個百分點；劣四類海域面積同比減少 8720 平方千米。近岸海域水質優良（一、二類）比例為 81.3%，同比上升 3.9 個百分點。

土壤更加安全。土壤污染加重趨勢得到初步遏制，全國受污染耕地安全利用率穩定在 90% 以上，重點建設用地安全利用得到有效保障，農用地土壤環境狀況總體穩定。全國城市聲環境質量總體向好，324 個地級及以上城市各類功能區晝間達標率為 95.4%，同比上升 0.8 個百分點；夜間為 82.9%，同比上升 2.8 個百分點。輻射環境質量和重點設施周圍輻射環境水平總體良好。單位國內生產總值二氧化碳排放下降達到「十四五」序時進度。

生態更加優美。全國生態質量指數（EQI）值為 59.77，生態質量綜合評價為「二類」，表明中國生物多樣性較豐富、自然生態系統覆蓋比例較高、生態結構較完整、功能較完善。其中，生態質量為一類的縣域面積佔國土面積的 27.7%，主要分佈在東北大小興安嶺和長白山、青藏高原東南部等地區；二類的縣域面積佔 32.1%，主要分佈在三江平原、內蒙古高原、黃土高原、崑崙山、四川盆地、珠江三角洲和長江中下游平原。一類、二類合計 60% 左右。

天更藍了、水更清了、生態更美了，這就是中國生態環境已經發生和正在持續發生的變化。

生態環境奇跡舉世矚目

　　生態文明建設最能給老百姓帶來獲得感，環境改善了，老百姓體會也最深。2012 年以來，中國污染防治攻堅戰階段性目標全面完成，藍天白雲重新展現，煙塵霧霾有效抑制，黑臭水體大幅減少，土壤污染風險得到管控，生態環境質量明顯改善；國土綠化持續推進，綠色版圖不斷擴展，城鄉環境更加宜居；能源消費結構發生重大變化，能耗物耗不斷降低，節約資源全面加強，綠色經濟加快發展，人民羣眾生態環境獲得感、幸福感、安全感顯著提升。生態環境質量的提升也帶來了人均健康狀況的大幅改善，10 年間，中國人均預期壽命由 75.4 歲提高到了 77.9 歲。可以說，中國在創造世所罕見的經濟快速發展和社會長期穩定奇跡的同時，也創造了令世人矚目的生態奇跡和綠色發展奇跡。

　　在北京，過去被老百姓視為「奢侈品」的「北京藍」，如今已經漸成常態。經過長期堅持不懈的努力，特別是近十年來力度空前的大規模治理，北京市 PM2.5 在 2021 年首次達到國家二級標準，為 33 微克／立方米，2022 年又進一步降至 30 微克／立方米，比 2013 年累計下降了近 60 微克／立方米，相當於平均每年下降 6 微克／立方米。2022 年優良天數為 286 天，較 2013 年增加 110 天，其中「一級優」天數從 2013 年的 41 天增加到 2022 年的 138 天，增加了 97 天，藍天含金量也大幅提升。與此同時，重污染天數由 2013 年的 58 天減少到 2022 年的 3 天，累計下降 95%。北京的大氣環境治理成果，被聯合國環境規劃署譽為「北京奇跡」。

　　北京的變化只是中國生態環境狀況改善的一個縮影。在全國

各地，這十年生態環境質量都顯著提高。更能精確反映中國生態環境發生的歷史性變化和取得的歷史性成就的，是由下面這些事實和數字組成的一份「亮眼」的「成績單」：

在「藍天保衛戰」中，2022 年全國 339 個地級及以上城市的細顆粒物（PM2.5）平均濃度比 2015 年下降了 35% 以上，降到 29 微克／立方米，實現近 10 年來連續下降。2022 年全國地級及以上城市空氣質量優良天數比率為 86.5%，比 2015 年增長了 5.3 個百分點，中國已經成為世界上空氣質量改善最快的國家。

在「碧水保衛戰」中，2017 年至 2022 年全國達到或好於 III 類水體比例上升 20 個百分點，達到 87.9%，地級及以上城市的黑臭水體基本得到了消除，人民群眾的飲用水安全也得到了有效的保障。重點流域水質進一步改善。長江流域、珠江流域、浙閩片河流、西南諸河和西北諸河水質持續為優，黃河流域、淮河流域和遼河流域水質良好。其中，長江幹流連續 3 年全線達到 II 類水質，黃河幹流首次全線達到 II 類水質，渤海入海河流全部消除劣 V 類，白洋淀淀區以及入淀河流水質實現了從劣 V 類到 III 類的跨越性突破，美麗河湖、美麗海灣加快建設。

【案例】

中國的紅樹林保護

中國政府近年來採取有力措施，保護有「海底森林」之稱的紅樹林資源，特別是發揮紅樹林在淨化重金屬、農藥、生活和養殖污水以及防止赤潮發生方面的重要作用。組成紅

樹林的主要是紅樹科植物，它們是一種稀有的木本胎生植物，具有維護海洋生態平衡的特殊作用。紅樹林生長在熱帶、亞熱帶海邊的灘塗地帶，根系發達。漲潮的時候，紅樹的大部分都會沒入海水中。紅樹林在海岸形成一道綠色屏障，對保護海岸穩定起着重要的作用。紅樹林濕地是一種生態關鍵區。其發達的根系堪稱天然的污水處理系統。

中國紅樹林主要分佈於台灣、海南、廣東、廣西和福建沿海地區，其中以廣西自治區紅樹林資源最豐富，其紅樹林面積佔全國紅樹林面積的三分之一強。與熱帶海洋的珊瑚礁一樣，紅樹林灘塗是眾多海洋生物的棲息場所。中國紅樹林濕地生物多樣性豐富，包括潮灘濕地環境專有的紅樹或半紅樹、喬灌木和常見的伴生植物，以及大型藻類、浮游植物、浮游動物、底棲動物、昆蟲、鳥類、哺乳動物、爬行動物等，其中包括不少珍稀瀕危或國家保護的動植物種類。目前，中國已建立七個省級以上的紅樹林保護區，區內紅樹林約佔全國紅樹林總面積的一半。

在「淨土保衛戰」中，全國土壤環境風險得到有效管控，受污染耕地安全利用率和污染地塊安全利用率雙雙超過90%。

此外，中國實施了禁止洋垃圾入境，實現了固體廢物「零進口」的目標。國土空間佈局得到優化，京津冀、長江經濟帶和寧夏等15個省（區、市）的生態保護紅線已經劃定，以國家公園為主體的自然保護地體系逐步建立。國土綠化和自然生態系統保護修復成效顯著。中國森林覆蓋率達到24.02%，草原綜合植被蓋度達到50.32%。自然保護地面積佔全國陸域國土面積的18%，

300 多種珍稀瀕危野生動植物野外種羣得到了很好的恢復。全面節約資源有效推進，資源消耗強度大幅下降。能耗強度累計下降 26.2%，煤炭在一次能源消費中的比重從 68.5% 下降到了 56%，清潔能源佔比上升到 25.5%，光伏、風能裝機容量、發電量，新能源汽車產銷量均居世界首位。

構建現代環境治理體系

建設生態文明，重在建章立制，用最嚴格的制度、最嚴密的法治保護生態環境，必須把制度建設作為推進生態文明建設的重中之重。這十年，中國生態文明制度和法治建設進入了立法力度最大、制度出台最密集、監管執法尺度最嚴的時期，越織越密的制度和法治體系為生態文明建設提供了強有力的保障。

近年來，中國加快推進生態文明頂層設計，緊緊圍繞建設美麗中國深化生態文明體制改革，加快建立生態文明制度，健全國土空間開發、資源節約利用、生態環境保護的體制機制。過去十年中，全國人大常委會制修訂了 25 部生態環境相關的法律，使這一領域現行法律達到了 30 餘部，生態環境保護法律體系初步形成。隨着《關於加快推進生態文明建設的意見》和《生態文明體制改革總體方案》《關於構建現代環境治理體系的指導意見》等文件的印發實施，中央生態環境保護督察、生態文明目標評價考核和責任追究、生態環境損害賠償、河湖長制、林長制、生態保護紅線、排污許可、環保垂改、排污許可制度等一系列創新性制度的陸續出台，生態文明「四樑八柱」制度體系日臻完善。通過嚴格監管執法，過去十年成為法律制度實施效果最為顯著的時期。

特別是中央環境保護督察制度，敢於動真格，不怕得罪人，咬住問題不放鬆，成為推動地方黨委和政府及其相關部門落實生態環境保護責任的硬招實招。

為全球綠色發展貢獻「中國方案」

生態文明建設關乎人類未來，建設綠色家園是人類的共同夢想，保護生態環境是全球面臨的共同挑戰和共同責任。當今世界正經歷百年不遇之大變局，各國經濟社會發展聯繫日益密切，全球治理體系和國際秩序變革加速推進，全球氣候變暖、荒漠化、生物多樣性喪失、危險廢棄物跨境轉移等風險相互疊加。在這一背景下，中國一直倡導的構建人類命運共同體為全人類走出困境實現永續發展提供了可行路徑，中國生態文明建設的生動實踐也為世界貢獻了綠色發展的「中國方案」。

2015 年 12 月，在中國代表團的不懈努力下，《聯合國氣候變化框架公約》近 200 個締約方在巴黎氣候變化大會上達成《巴黎協定》。這是繼《京都議定書》後第二份有法律約束力的氣候協議，為 2020 年後全球應對氣候變化行動作出了安排。2016 年，聯合國環境規劃署發佈《綠水青山就是金山銀山：中國生態文明戰略與行動》報告，中國的生態文明建設理念和經驗正在為全世界可持續發展提供重要借鑒。2020 年 9 月在第 75 屆聯合國大會一般性辯論上，中國宣佈二氧化碳排放力爭於 2030 年前達到峰值，努力爭取 2060 年前實現碳中和。這意味着中國作為世界上最大的發展中國家，將用全球歷史上最短的時間、最高的碳排放強度降幅實現從碳達峰到碳中和，充分彰顯了積極應對氣候變化、走綠色

低碳發展道路的決心。2012—2022年的十年間，中國碳排放強度下降了34.4%，扭轉了二氧化碳排放快速增長的態勢，綠色日益成為經濟社會高質量發展的鮮明底色。衛星觀測數據發現，全球從2000年至2017年新增的綠地面積中約四分之一來自中國，貢獻比例居全球首位。由中國作為東道主的聯合國《生物多樣性公約》第十五次締約方大會與2021年和2022年先後在中國雲南昆明和加拿大蒙特利爾召開，成為聯合國歷史上首次以生態文明為主題的全球性會議。中國還積極推動了綠色「一帶一路」建設，倡導成立了「一帶一路」綠色發展國際聯盟和綠色「一帶一路」生態環保大數據平台。這些都充分表明，作為全世界最大的發展中國家、世界第二大經濟體，中國已經成為全球生態環境治理的重要參與者、貢獻者和引領者。中國的行動正在深刻改變着整個世界，也必將在建設全球生態文明方面發揮越來越重要的作用。

中國生態文明建設和生態環境保護發生歷史性變革、取得歷史新成就。但也要清醒認識到，中國生態環境保護結構性、根源性、趨勢性壓力尚未根本緩解，當前已進入了以降碳為重點戰略方向、推動減污降碳協同增效、實現生態環境質量改善從量變到質變的新階段，生態文明建設依然任重道遠。

第二章

中國的生態
保護與治理

「生態興則文明興，生態衰則文明衰」。中國在生態方面的歷史欠賬還比較多，問題積累多、現實矛盾也比較多，一些地區生態環境承載能力已達到或接近上限，且面臨「舊賬」沒還、又欠「新賬」的問題，生態文明建設仍處在關鍵期、攻堅期和窗口期，生態保護修復任務十分艱巨。《全國重要生態系統保護和修復重大工程總體規劃（2021—2035 年）》提出，到 2035 年，通過大力實施重要生態系統保護和修復重大工程，全面加強生態保護和修復工作，全國森林、草原、荒漠、河湖、濕地、海洋等自然生態系統狀況實現根本好轉，生態系統質量明顯改善，優質生態產品供給能力基本滿足人民羣眾需求，人與自然和諧共生的美麗畫卷基本繪就。「十三五」期間，即 2016 至 2020 年這五年，中國完成造林 5.45 億畝，退耕還林 5438 萬畝，治理沙化土地 1.5 億畝，治理修復廢棄礦山 400 多萬畝，修復濱海濕地 2.3 萬公頃，整治修復岸線 1200 千米。在生態保護紅線劃定、重大生態保護工程實施、大江大河系統保護治理、生態文明建設試驗示範、國家公園建設等工作領域中，中國的生態環境保護與治理方面都取得了新的進展和成效。

一、劃定生態保護紅線

生態保護紅線制度是中國生態環境保護的一項重要制度創新，它提供了一種全新的生態保護模式，為全球生物多樣性保護提出了中國方案。2019 年，中國「劃定生態保護紅線，減緩和適應氣候變化」行動倡議，入選了聯合國「基於自然的解決方案」全球 15 個精品案例。2020 年，「生態保護紅線—中國生物多樣性保護的制度創新」案例入選了聯合國「生物多樣性 100+ 全球典型案例」中的特別推薦案例。目前，全國生態保護紅線已完成劃定並發佈。其中，陸域生態保護紅線覆蓋的國土面積不低於 300 萬平方千米，海洋生態保護紅線不低於 15 萬平方千米。

【案例】

「兩屏兩帶」：北京的生態保護紅線

北京市生態保護紅線面積 4290 平方千米，佔市域總面積的 26.1%，包含水源涵養、水土保持、生物多樣性維護和重要河流濕地 4 種類型。從空間分佈來看，北京市生態保護紅線呈現為「兩屏兩帶」格局。「兩屏」指北部燕山生態屏障和西部太行山生態屏障；「兩帶」為永定河沿線生態防護帶、潮白河‐古運河沿線生態保護帶。按照主導生態功能，全市生態保護紅線分為 4 種類型：水源涵養類型，主要分佈在北部軍都山一帶，即密雲水庫、懷柔水庫和官廳水庫的上游地區；水土保持類型，主要分佈在西部西山一帶；生物多樣性

維護類型，主要分佈在西部的百花山、東靈山，西北部的松山、玉渡山、海坨山，北部的喇叭溝門等區域；重要河流濕地，即五條一級河道（永定河、潮白河、北運河、大清河、薊運河）及「三庫一渠」（密雲水庫、懷柔水庫、官廳水庫、京密引水渠）等重要河湖濕地。

生態保護紅線是指在生態空間範圍內具有特殊重要生態功能，必須強制性嚴格保護的區域，是保障和維護國家生態安全的底線和生命線，通常包括具有重要水源涵養、生物多樣性維護、水土保持、防風固沙、海洋生態穩定等功能的生態功能重要區域，以及水土流失、土地沙化、石漠化、鹽漬化等生態環境敏感脆弱區域。「生態保護紅線」是繼「18 億畝耕地紅線」後，另一條被提到國家層面的「生命線」。它是國家生態安全的底線和生命線。在「生態保護紅線」這個概念作為政策用語全國推廣之前，已有部分城市開始進行實踐探索，2011 年 10 月《國務院關於加強環境保護重點工作的意見》中提出「在重要生態功能區、陸地和海洋生態環境敏感區、脆弱區等區域劃定生態紅線」，這是「生態紅線」的概念首次在國家政策文件中出現。在隨後的 12 年當中，「生態保護紅線」逐步上升為國家戰略，寫入《環境保護法》和《國家安全法》。中共十八屆三中全會把劃定生態保護紅線作為改革生態環境管理體制、推進生態文明制度建設的最重要舉措之一。2015 年，劃定工作被列入國家生態文明建設的綱領性文件和實施方案之中，也進入了各級政府實質性推進階段。2017 年 2 月 7 日，中共中央辦公廳、國務院辦公廳印發《關於劃

定並嚴守生態保護紅線的若干意見》，確定了到 2020 年年底前，全面完成全國生態保護紅線劃定，勘界定標，基本建立生態保護紅線制度。

中國各級各類生態保護區域類型多，涉及自然保護區、森林公園、風景名勝區、地質公園、濕地公園、飲用水源地等保護地數量達 10000 多處，約佔陸地國土面積的 18%。儘管進行了很大規模的保護，但生態空間仍不斷遭受擠佔，生態系統退化嚴重，國家和區域生態安全形勢嚴峻。同時，各類保護地存在空間界線不清，交叉重疊，管理效率低等問題。為解決空間開發蔓延，規劃重疊打架問題，「十九大」報告明確提出，完成生態保護紅線、永久基本農田、城鎮開發邊界三條控制線劃定工作。其中，劃定並嚴守生態保護紅線，是實施國土空間用途管制的重大支撐，體現了通過空間約束從源頭治理的理念，是促進多規合一的必然選擇。從國家出台的一系列政策文件看，一條「生態保護紅線」管控所有重要生態空間，因此，只有具備明確的邊界，生態保護紅線才能清晰落地，便於管理。

首先是明確劃定範圍。從空間範圍看，生態保護紅線包括：主體功能區規劃中明確的禁止開發區域，以及其他有必要嚴格保護的各類保護地。國家級和省級禁止開發區域有：國家公園；自然保護區；森林公園的生態保育區和核心景觀區；風景名勝區的核心景區；地質公園的地質遺跡保護區；世界自然遺產的核心區和緩衝區；濕地公園的濕地保育區和恢復重建區；飲用水水源地的一級保護區；水產種質資源保護區的核心區；其他類型禁止開發區域的核心保護區域。其中，位於生態空間以外或人文景觀類

的禁止開發區域不納入生態保護紅線。除禁止開發的區域外，各地認為有必要嚴格保護，事關生態安全格局的重要區域，也都納入生態保護紅線。主要是：生態廊道、國家一級公益林、重要濕地、國家級水土流失重點預防區、沙化土地封禁保護區、野生植物集中分佈地、自然岸線、雪山冰川、高原凍土等重要生態保護地。

其次是紅線邊界的處理。紅線邊界分為四類：一是自然邊界，主要是依據地形地貌或生態系統完整性確定的邊界，如林線、雪線、流域分界線，以及生態系統分佈界線等；二是自然保護區、風景名勝區等各類保護地邊界；三是江河、湖庫，以及海岸等向陸域（或向海）延伸一定距離的邊界；四是全國土地調查、地理國情普查等明確的地塊邊界。結合這四類邊界，將生態保護紅線落實到地塊，通過自然資源統一確權登記，明確用地性質與土地權屬，形成生態保護紅線全國「一張圖」。在紅線劃動過程中，按照「先做減法，後做加法」的原則，把永久基本農田、集中居民居住地、礦產資源開發用地、人工商品林、基礎設施等生產建設用地從生態保護紅線中剔除。再根據保護需要，結合實際，把一些轉換為保護用地的，納入到生態保護紅線範圍。

堅持應劃盡劃。全國生態保護紅線不低於 315 萬平方千米，其中陸域生態保護紅線不低於 300 萬平方千米，佔陸域國土面積的 30% 以上，海洋生態保護紅線不低於 15 萬平方千米。生態保護紅線集中分佈在青藏高原生態區、黃河重點生態區、長江重點生態區、東北森林帶、北方防沙帶、南方丘陵山地帶、海岸帶

等區域，覆蓋了絕大多數草原、重要濕地、珊瑚礁、紅樹林、海草牀等重要生態系統，以及絕大多數未開發利用無居民海島。與各地自然地理格局相匹配，有的省份生態保護紅線面積佔比超過 50%，有的省份不到 10%。紅線包括整合優化後的自然保護地面積約 180 萬平方千米；自然保護地外水源涵養、生物多樣性維護、水土保持、防風固沙、海岸防護等生態功能極重要區域，及水土流失、沙漠化、石漠化、海岸侵蝕等生態極脆弱區域約 85 萬平方千米；其他具有潛在重要生態價值的區域約 50 萬平方千米。

【案例】

「一湖三山四水」：湖南生態保護紅線

湖南省生態保護紅線劃定面積為 4.28 萬平方千米，佔全省國土面積的 20.23%。全省生態保護紅線空間格局為「一湖三山四水」：「一湖」為洞庭湖（主要包括東洞庭湖、南洞庭湖、橫嶺湖、西洞庭湖等自然保護區和長江岸線），主要生態功能為生物多樣性維護、洪水調蓄。「三山」包括武陵–雪峰山脈生態屏障，主要生態功能為生物多樣性維護與水土保持；羅霄–幕阜山脈生態屏障，主要生態功能為生物多樣性維護、水源涵養和水土保持；南嶺山脈生態屏障，主要生態功能為水源涵養和生物多樣性維護，其中南嶺山脈生態屏障是南方丘陵山地帶的重要組成部分。「四水」為湘資沅澧（湘江、資水、沅江、澧水）的源頭區及重要水域。

二、實施重大生態保護工程

（一）中國山水工程

　　2022 年 12 月 13 日，在加拿大蒙特利爾舉辦的《生物多樣性公約》第十五次締約方大會（COP15）第二階段會議期間，聯合國方面宣佈，踐行「山水林田湖草生命共同體」理念的「中國山水工程」入選聯合國首批十大「世界生態恢復旗艦項目」。「中國山水工程」是踐行山水林田湖草沙生命共同體理念的標誌性工程，「十三五」以來，中國已在「三區四帶」重要生態屏障區域部署實施 44 個山水工程項目，完成生態保護修復面積 350 多萬公頃。這一項目入選「世界生態恢復旗艦項目」表明，中國正在為全球生物多樣性保護提供方案和智慧。

　　「山水工程」，是 2016 年中國財政部、自然資源部、生態環境部共同發起的山水林田湖草沙一體化保護和修復工程的簡稱。當時，為改變以往生態保護修復活動大多針對單一目標或單一生態要素，缺乏整體性、系統性的局面，中國國家主席習近平和中國政府提出了「山水林田湖草是一個生命共同體」的理念，倡導實施生態系統整體保護、系統修復、綜合治理，實現人與自然和諧共生。

　　2016 年以來，財政部、自然資源部、生態環境部已在中國「三區四帶」等重要生態屏障區域支持了 5 批 44 個山水工程，涉及 27 個省（自治區、直轄市），中央財政獎補資金近 800 億元，累計完成生態保護和修復面積 500 多萬公頃。

【案例】

大通湖的蝶變

湖南省大通湖位於長江重點生態區，是湖南省最大的內陸淡水湖泊，有「三湘第一湖」之美譽，因邊緣輪廓酷似心形，有「洞庭之心」的美稱。大通湖湖泊面積 12.4 萬畝（82.7平方千米），常年水深 1.2—2.5 米，呈鍋底狀，流域面積924.5 平方千米，屬於調蓄、養殖湖泊，其獨特的生態系統所表現出的調蓄洪水、調節大氣等生態服務功能，使大通湖成為環洞庭湖經濟圈的重要生態屏障，對改善流域生態環境具有不可替代的作用。

21 世紀以來，由於過度投肥投餌、過度捕撈以及農業面源污染等一系列原因，大通湖水質越變越差，水體富營養化，生物多樣性降低。同時高密度養殖讓大通湖水生植被消失，變為「水下荒漠」，湖體自淨能力基本喪失。大通湖水產養殖規模大，缺少相應的水體治理措施，長期大量投放餌料導致營養物堆積，大量污染物長期在底泥中積累，總磷、總氮指標超標。2016—2018 年，大通湖國控點水質類別持續為劣 V 類，超標因子為總磷。

通過多年的探索和發展，大通湖區以「三產融合」模式為指引，將種植水草從滿足大通湖治理使用，到逐步向外銷售，再到向景觀發展，水草產業不斷壯大，逐步實現生態產業化，達到生態環境保護和經濟高質量發展「雙贏」目標。

截至目前水生植被恢復超 4 萬畝，沿湖植被帶修復超 65%，湖內水生植物達 17 種，以往的「水下荒漠」轉變為鬱鬱蔥蔥的「水下森林」。大通湖水環境、水生態持續改善，獲評湖南省「美麗河湖優秀案例」。生物多樣性顯著提升，共記錄到水鳥 30 餘種 5 萬多隻，其中國家一級保護動物白鶴 35 隻、黃胸鵐 40 隻、青頭潛鴨 6 隻；國家二級保護動物小天鵝 4100 隻，白琵鷺 12 隻等 15 種二級保護鳥類，湖南省罕見鳥類赤嘴潛鴨 4 隻。以水草為棲息地的底棲動物和魚類也相繼重現身姿，大湖生態系統日趨完善。2020 年水草銷售額達到了 400 萬元，2022 年水草銷售額達 1000 萬元。相比於養魚時畝均年收入 3000 元左右，現在改行種草，畝均年收入可達 8000 元，特別是採用「水草＋」種養模式的漁民，畝均收益高達 10000 元。2020 年，大通湖的水草「走」出大通湖，來到韶山市以及湖北、安徽、江蘇等地，為淨化水質貢獻力量。好草養好水，好水出好蟹，依託良好的水體資源，大通湖區積極推進「水草＋螃蟹」生態種養模式，為農民提供更多就業機會。採用「水草＋螃蟹」生態種養模式產出的大閘蟹膏腴豐滿、鮮香可口、品質上乘。「大通湖大閘蟹」成為中國國家地理標誌產品，是目前湖南唯一可以出口的大閘蟹品牌，已走出國門，對外出口到新加坡、迪拜、菲律賓等地區。

（二）天然林資源保護工程

天然林資源是中國森林資源的主體，加強天然林資源的保護，對保護生物多樣性、維護國土生態安全、促進經濟社會可持

續發展具有十分重要的作用。中國現有天然林面積 20.8 億畝，天然林蓄積 136.7 億立方米，作為佔全國森林面積 64%、森林蓄積量 80% 的天然林資源，在維護自然生態平衡和國土安全中處於無法替代的主體地位。中國「天然林資源保護工程」（以下簡稱「天保工程」）是世界上第一個、也是唯一一個以保護天然林為主的超級生態工程。天保工程的啟動實施，是中國林業以木材生產為主向以生態建設為主轉變的歷史性標誌。

　　長期以來，中國東北內蒙古國有林區和長江上游、黃河上中游地區，為國家建設和人民生活提供了大量木材，與此同時，造成天然林資源銳減、國有林區出現「兩危」（森林資源危機、林區經濟危困）；生態環境不斷惡化。1998 年特大洪澇災害後，中共中央、國務院從中國社會經濟可持續發展的戰略高度，做出了實施「天然林資源保護工程」的重大決策，當年開展試點工作。該工程旨在通過天然林禁伐和大幅減少商品木材產量，有計劃分流安置林區職工等措施，解決中國天然林的休養生息和恢復發展問題。根據《中共中央、國務院關於災後重建、整治江湖、興修水利的若干意見》關於「全面停止長江黃河流域上中游的天然林採伐，森工企業轉向營林管護」的精神，國家林業局編制了《長江上游、黃河上中游地區天然林資源保護工程實施方案》和《東北、內蒙古等重點國有林區天然林資源保護工程實施方案》。國務院先後召開兩次總理辦公會對上述方案進行審議，2000 年 10 月批准了實施方案，「天然林資源保護工程」正式啟動。「天保工程」1998 年在 12 個省（區、市）開始試點，2000 年在全國 17 個省（區、市）全面啟動，到 2010 年底按計劃完成一期工程任務。把停伐減產作為首要任務，堅決停止長江上游、黃河上中游地區天然林商品性

採伐，封存採伐器具，關閉木材加工廠，取締木材市場，每年少生產木材 1239 萬立方米，確保森林得到了休養生息。對東北、內蒙古等重點國有林區，將木材產量由 1853 萬立方米調減到 1094 萬立方米。建立了縣、場、站三級森林管護網絡體系，層層落實管護責任制，建立各類管護站（點、所）4 萬多個，參加管護的國有林業職工由 1998 年的 3.2 萬人增加到 2009 年的 22.7 萬人，16 億多畝森林得到有效管護。積極開展公益林建設，累計完成營造林任務 2.45 億畝，森林面積淨增 1.5 億畝，森林蓄積淨增 7.25 億立方米，森林碳匯增加 3.6 億噸，森林覆蓋率增加 3.7 個百分點。採取多種措施，妥善分流安置了 95.6 萬森工職工，將 20 多萬「砍樹人」變成「護林人」和「種樹人」。推動各項改革，增強林區發展活力，國有林業職工年平均工資由 2000 年的 5178 元提高到 2010 年的 1.7 萬餘元。據統計，到 2020 年，國家對「天保工程」投入資金達 5083 億元，「天保工程」累計完成公益林建設 3.06 億畝、後備森林資源培育 1651 萬畝、森林撫育 2.73 億畝，19.44 億畝天然林得到有效保護。

以「天保工程」實施為載體，天然林保護取得了巨大的生態、經濟和社會效益，成為改革開放的重大成果之一。「天保工程」區森林資源得到恢復性增長。通過停伐減產和有效保護，工程區長期過量消耗森林資源的勢頭得到有效遏制，森林資源總量不斷增加，天然林質量顯著提升。20 多年來，「天保工程」累計完成公益林建設 3 億畝，使近 20 億畝天然林得以休養生息。局部地區生態環境明顯改善，生態效益顯著提高。中國森林植被總碳儲量 91.86 億噸，其中 80% 以上的貢獻來自天然林。天然林區蓄水保

土能力顯著增強，生物多樣性日益豐富。東北林區絕跡多年的野生東北虎、東北豹時常出現。西南林區大熊貓、朱鷺、金絲猴等國家級重點保護野生動物的種羣數量增加。林區經濟結構得到調整，富餘職工得到安置。打破以木材生產為主的經營格局，積極發展非林非木產業，大力培育新的經濟增長點，加快了木材精深加工項目建設，大力發展綠色食品、畜牧業和中藥材開發為主的多種經營產業和以森林旅遊、風電水電綠色能源、冶金建材等其他產業，初步實現了由「獨木支撐」向「多業並舉」、「林業經濟」向「林區經濟」的轉變。2019 年 1 月，中國通過了《天然林保護修復制度方案》，標誌着中國天然林保護由區域性、階段性工程轉變為全面性、長期性公益事業。2019 年，美國宇航局（NASA）的衛星監測數據顯示，20 年間，地球正在變綠，是中國和印度的行動主導了地球變綠，其中，僅中國一個國家的植被增加量，便佔到過去 17 年裏全球植被總增加量的至少 25%，多年來，中國的植樹造林工作對全球綠化的貢獻佔比高達 42%。基於 NASA 公佈的相關資料，英國《Nature》雜誌也發表了題為《中國和印度通過土地使用管理引領世界綠化》的論文，文中提到，印度的綠化增加主要是擴大了農耕，真正在世界綠化中做出貢獻的是中國。

【案例】

山西的「天保」工程

作為全國水土流失最為嚴重的地區之一，1998 年，山西啟動天然林保護工程，停止天然林資源商品性採伐。2019

年，山西天然林保護工程區森林生態系統的生態效益價值總量為 1162.04 億元，生態、經濟、社會等效益顯著增強。山西地處黃河中游、黃土高原東部，水土流失面積約佔全省國土總面積的 69%。1998 年，山西發佈《關於停止天然林採伐的通告》，啟動天然林保護工程；2000 年，按照國家部署，天然林保護工程在黃河流域正式啟動，主要建設範圍為沿黃生態環境脆弱區，覆蓋全省 9 市 72 縣及 7 個省直林區。為保證天然林保護工程實效，山西在天然林保護工程區內實行最嚴格的林地征佔用管理機制，7700 多萬畝森林資源得到有效保護和持續增長。2017 年，山西頒佈《山西省永久性生態公益林保護條例》，將全省最精華的天然林資源納入永久性生態公益林。

　　能保還要善造。多年來，通過合作造林、購買式造林、託管造林等新機制，山西完成天然林保護工程 1573 萬畝營造林任務。在該工程的推動下，山西森林資源得到有效恢復和增長，野生動物的分佈面積逐年上升，生物多樣性得到恢復發展。山西多山，溝壑縱橫，境內有 1000 餘條河流，四周為山河所環繞，素有「表裏山河」之稱。地跨黃河、海河兩大水系，河流屬自產外流型水系，被譽為「華北水塔」。天然林承擔着重要的涵養水源和保育土壤功能。該工程實施以來，縱跨太行山、呂梁山的一抹抹綠色，不僅扮靚了山西的「顏值」，在保育土壤和涵養水源方面也發揮着不可替代的作用。據山西省林業和草原局公佈的數據顯示，2019 年，該省天然林保護工程區森林生態系統年保育土壤 12829.40 萬噸，相當於省內年土壤侵蝕量的 28.13%，比 2014 年增加 4667 萬

噸；涵養水源量 92.72 億立方米，相當於全省水資源總量的 76.27%，比 2014 年增加 71.23 億立方米。生態恢復還給三晉大地綠水青山，天然林保護工程在生態效益顯現的同時，其經濟、社會效益日益突顯。隨着森林遊憩價值的挖掘，旅遊景點的開發，逐步走出一條綠色發展路徑。

（三）退耕還林還草工程

中國的退耕還林工程，被視為「綠色革命」的偉大工程，將濫墾的耕地退還，恢復森林和草原，改善生態環境。退耕還林工程在實際操作中，不僅包括「還林」而且包括「還草」，在降雨量較多的地區退耕還林，在降雨量較少的地區退耕還草。

中國是傳統的農業大國，長期以來，人口快速增長的壓力以及相對粗放的生產方式，致使大量森林草原濕地被改變用途，大面積毀林開荒造成土壤侵蝕量增加，水土流失加劇，土地退化嚴重，旱澇災害不斷，生態環境惡化。長江、黃河上中游地區因為毀林毀草開荒、坡地耕種，成為世界上水土流失最嚴重的地區之一，每年流入長江、黃河的泥沙量達 20 多億噸，其中 2/3 來自坡耕地。

1999 年以來，中國先後開展了兩輪大規模退耕還林還草，中央累計投入 5700 多億元，共計完成退耕還林還草任務 2.13 億畝，同時完成配套荒山荒地造林和封山育林 3.1 億畝。20 多年來，退耕還林還草先後在 25 個省區市和新疆建設兵團實施，共有 4100 萬農戶、1.58 億農牧民參與並受益，取得了巨大成就。一是有效改善生態狀況。工程區林草植被大幅度增加，森林覆蓋率平均提高 4 個多百分點，年生態效益總價值量達 1.42 萬億元。

長江、黃河中上游地區、重要湖庫周邊水土流失狀況明顯改善，北方地區土地沙化和西南地區石漠化得到有效治理。二是助推脫貧攻堅。全國有812個脫貧縣實施了退耕還林還草，佔脫貧縣總數的97.6%。第二輪退耕還林還草對建檔立卡貧困戶的覆蓋率達31.2%，促進200多萬建檔立卡貧困戶、近千萬貧困人口脫貧增收。三是樹立全球生態治理典範。退耕還林工程創造了世界生態建設史上的奇跡，其資金投入、實施範圍、羣眾參與度均創歷史新高，退耕還林還草貢獻了全球綠色淨增長面積的4%以上。

　　中國退耕還林還草工程是世界上投資最大、政策性最強、涉及面最廣、羣眾參與程度最高的生態工程，是構建人與自然生命共同體最具標誌性世界超級生態工程，對全球新世紀以來增綠貢獻率超過4%，創造了世界生態建設史上的奇跡。退耕還林還草就是從保護和改善生態狀況出發，將水土流失嚴重的耕地，沙化、鹽鹼化、石漠化嚴重的耕地以及糧食產量低而不穩的耕地，有計劃、有步驟地停止耕種，因地制宜地造林種草，恢復植被。實踐證明，通過實施退耕還林還草工程，把生態承受力弱、不適宜耕種的地退下來，種上樹和草，是從源頭上防治水土流失、減少自然災害、固碳增匯和應對氣候變化的治本之策，有利於推動山水林田湖草沙生態系統健康發展。2020年中國林業科學研究院監測數據顯示，退耕還林還草每年涵養水源440.05億立方米、固土7.09億噸、滯塵5.4億噸、固沙8.37億噸、固碳0.56億噸，年生態效益總價值達1.42萬億元，涵養的水源相當於三峽水庫的最大蓄水量，減少的土壤氮、磷、鉀和有機質流失量相當於中國年化肥施用量的四成多。

【案例】

版納瑤寨裏的退耕還林

　　雲南省西雙版納傣族自治州猛臘縣瑤區鄉新山村委會布龍河村小組是山區瑤族村寨，距鄉政府所在地 30 千米，距縣城 65 千米。國土面積 42.4 平方千米，海拔 1300 米，年平均氣溫 20℃，年降雨量 1500 毫米。有耕地 4997.3 畝（其中：田 575.3 畝，旱地 4422 畝），人均耕地 15.71 畝，主要種植水稻、玉米、黃豆等農作物；耕地有效灌溉面積為 172 畝，其中有高穩產農田地面積 153 畝，人均高穩產農田地面積 0.5 畝；有林地 1850.1 畝，其中人均面積 5.8 畝。發展特色經濟林 5100 多畝，其中種植橡膠 4000 多畝、茶葉 1100 多畝。區域內有鐵礦、鉛鋅礦、銅礦等自然資源。現有 74 戶 318 人，勞動力 209 人。

　　自 2003 年實施退耕還林工程項目以來，布龍河村小組始終把退耕還林作為治理水土流失、改善生態環境、促進結構調整、增加農民收入的頭等大事。如何鞏固好成果，確保「退得下、穩得住、能致富、不反彈」，推進和諧生態建設，穩定增加農民收入，成為布龍河村小組面臨的極其重要、艱難的任務。布龍河村小組在不斷探索、不斷總結的基礎上，走出了一條發展生態循環經濟，鞏固退耕還林成果的發展之路，經過 15 年來的實施建設，退耕還林種植的茶葉已發揮可喜的經濟效益。2003 年布龍河村小組實施退耕還林任務 531.5 畝，實施初期，由原雲林茶場出種苗、技術幫助退耕農戶種

植茶葉 433.5 畝，由退耕農戶進行撫育管理。現茶葉已產生效益，給布龍河村小組農民帶來一條創收之路。近年來，橡膠價格走入低谷，茶葉已成為龍河村小組主要的經濟收入來源。

　　布龍河村小組退耕還林在實施中，採取由雲林茶場出種苗、出技術幫助退耕農戶種植和撫育管理技術上的指導；實行規模經營，解決退耕農戶對退耕地投入不足和更好發展後續產業，而公司（企業）又可建設原料基地。經營機制的激活，改變了原有的管理模式，調動了退耕農戶撫育管理的積極性，退耕還林造林質量也得到了明顯提高。通過退耕還林工程項目的實施，布龍河村小組生態環境面貌、村寨建設、農民生產生活條件、農民收入發生了深刻變化。一是經濟效益：退耕還林成為一條農民增收的重要渠道。布龍河小組 2003 年實施退耕還林任務 531.5 畝，前 8 年（2003—2010）兌現補助資金 110.55 萬元，人均年增加收入 3476.47 元；後 8 年（2011—2018）兌現補助資金 53.15 萬元，人均年增加收入 1671.38 元。退耕還林的實施，培植了茶葉新的支柱產業，為布龍河村小組經濟社會持續、平穩發展提供了強大的支持。退耕還林加快當地農村產業結構的調整，增加了農民收入。退耕還林工程的實施，改變了長期以來廣種薄收的傳統耕種習慣，有效地調整了不合理的土地利用結構。布龍河村小組實施的 433.5 畝退耕還林種植茶樹，至今已有 15 年，隨着茶葉進入盛產期，退耕農戶茶葉初製加工已發展到 10 戶，僅退耕還林種植的茶葉每年帶來的效益預計 170 多萬元，年人均收入 5345 元。二是社會效益：退耕還林工程是一項實施範圍

廣、受益人數多、見效快、效益高，集長、短期項目優勢於一體的系統工程。因此，得到了廣大群眾的擁護和支持。此項工程實施以來布龍河小組累計投工投勞近 2 萬個，農村剩餘勞動力得到有效轉移，形成了群眾季季有活幹、人人有事做的局面，社會治安得到明顯好轉。三是生態效益：由於經濟效益較為明顯，群眾積極性很高，經過 15 年來的實施，生態脆弱和滑坡隱患的坡耕地還上了林。惜日的荒山披上了綠裝，植被得到了逐步恢復，森林覆蓋率也相應得到提高，生態有了明顯的改善。造林實地表明，人工林茶樹下，能形成零星分散的木本和草本植被層，能很好地保持着生物多樣性，與天然林和常綠葉林很接近，對造林地的地壤結構有明顯的改良作用。

（四）三北防護林工程

中國三北防護林體系建設工程，是伴隨改革開放起步的中國第一個世界超級生態工程，是中國針對西北、華北北部、東北西部三大區域風沙危害和水土流失嚴重狀況，於 1978 年由國務院批准啟動的大型防護林體系建設工程。在中國北方地區大規模植樹造林，改善生態環境，防止土壤侵蝕。三北防護林面積超過 400 萬公頃。

中國三北防護林體系建設工程包括中國北方 13 個省（區、市）的 551 個縣（旗、市、區），建設範圍東起黑龍江省的賓縣，西至新疆維吾爾自治區烏孜別里山口，東西長 4480 千米，南

北寬 560—1460 千米，總面積 406.9 萬平方千米，佔國土面積的 42.4%。從 1978 年開始到 2050 年結束，歷時 73 年，分三個階段、八期工程進行，規劃造林 3508.3 萬公頃，森林覆蓋率由工程建設前的 5.05% 提高到 14.95%。

東北西部地區：包括黑龍江、吉林兩省和遼寧北部、內蒙古東部，土地總面積 5530.1 萬公頃，佔三北地區總面積的 13.6%。以建設農田防護林為基本框架，多林種、多樹種並舉，網帶片、喬灌草結合，農林牧彼此鑲嵌，縣縣毗連，互為一體的區域性防護林體系。

蒙新地區：包括新疆和內蒙古西部、甘肅西部、青海西北部、寧夏北部、陝西長城沿線以北、河北壩上部分，土地總面積 29985.4 萬公頃，佔三北地區總面積的 73.7%。採取「造林—封育—飛播」相結合的措施，建設以防風固沙林為主的綜合性防護林體系。

【案例】

八步沙六老漢：譜寫「愚公」新故事

甘肅省武威市古浪縣八步沙位於河西走廊東端、騰格里沙漠南緣，二十世紀六七十年代，這裏風沙肆虐，給周邊 10 多個村莊、2 萬多畝農田和 3 萬多羣眾的生產生活以及公路、鐵路造成極大危害。1981 年，古浪縣土門鎮的 6 位老人以聯戶承包的方式，挺進八步沙，組建了集體林場。這 6 位老人被當地人親切地叫做「六老漢」。

承包治理初期，條件有限，「六老漢」採用「人背驢馱」等方式，將苗木、水和麥草運往沙漠。因為治沙點離家遠，他們吃炒麵、喝冷水、睡地窩鋪。1983 年，郭朝明老漢的兒子郭萬剛成為最早的第二代治沙人。二十世紀九十年代，八步沙還沒有治理完，「六老漢」的家人捨不得放棄這片林子，於是他們約定不管有多難，6 家人的後代裏必須有一個人接力治沙。如今，第三代治沙人郭璽接過祖輩、父輩們手中的鍬鎬。作為年輕人，郭璽這一代治沙人更有文化，更懂技術，用科學治沙、工程治沙、網絡治沙的方法，讓治沙的效果越來越好。治沙種樹效率上去了，郭璽可以騰出手來幹更多的事。在短視頻平台上，郭璽註冊了八步沙林場的賬號，每天回家他會把隨手拍的工作場景和林場的變化整理發佈在網上。工作不忙時，他晚上還會在網上為八步沙林場的散養土雞等產品做推介。

　　如今的八步沙，綠洲初顯。「六老漢」和他們的後人們憑藉「讓荒漠變綠洲」的信念，讓荒漠改變了面貌。

黃土高原地區：包括山西省西部和陝西長城沿線以南渭河以北、內蒙古陰山南部、甘肅中東部、青海東部、寧夏南部，土地總面積 3670.7 萬公頃，佔三北地區總面積的 9%。採取生物措施與工程措施相結合，堅持山、水、林、田、路綜合治理，建設以水土保持林為主、農林牧協調發展的生態經濟型防護林體系。

華北北部地區：包括北京、天津兩市和河北北部、遼寧西部，土地總面積 1504.8 萬公頃，佔三北地區總面積的 3.7%。通過

造林、育林，儘快擴大和恢復林草植被，建設以防風固沙林和水源涵養林為主的防護林體系。

　　「三北防護林工程」五期評估結果公佈，評估結果顯示，自 2011 年五期工程實施以來，累計完成營造林保存面積超 527 萬公頃，取得了巨大生態、經濟和社會效益。在生態效益方面，三北地區生態環境質量呈現穩中向好趨勢，自然生態系統惡化趨勢得到基本遏制，風沙危害得到有效緩解，水土流失得到有效治理。40 多年累計完成營造林保存面積達 3174.29 萬公頃。工程區 45%以上可治理沙化土地面積得到初步治理，61% 以上水土流失面積得到有效控制。在經濟效益方面，三北五期工程營造的經濟林保存面積約 26 萬公頃，年產乾鮮果品約 340 萬噸，年總產值達 40.8億元。經測算，五期工程完成的營造林每年所產生的生態效益總值可達 964.55 億元。在社會效益方面，人居環境極大改善、生態文化日益豐富、生態文明意識普遍提高。通過道路綠化、城鄉美化亮化等方式，實現人居環境改善。據全國森林資源第九次清查結果，三北工程區人均森林面積已達 0.26 公頃。工程生態狀況明顯改善，年森林生態系統服務功能價值達 2.34 萬億元，為維護國家生態安全、促進經濟社會發展發揮了重要作用。

　　國際組織官員、外國駐華使節和各國專家多次考察三北工程，對工程建設成就給予了高度評價。外國媒體多次報道三北工程，稱讚三北工程是「改造大自然的偉大壯舉」。2018 年，三北工程榮獲「聯合國森林戰略規劃優秀實踐獎」，成為全球生態治理的成功典範，贏得了國際社會的廣泛讚譽。

【案例】

阿榮旗的「三北」防護林工程建設

　　內蒙古自治區呼倫貝爾市阿榮旗是呼倫貝爾的南大門，全旗林地面積 71.83 萬公頃、有林地面積 56.55 萬公頃；森林活立木蓄積 3641.56 萬立方米，森林覆蓋率為 52.36%。境內四條主要山脈均屬大興安嶺支脈。該旗「三北」防護林工程建設範圍覆蓋全旗 12 個鄉鎮、7 國營林場和 2 個國營農場，為理順工作機制，避免出現「九龍治水」，阿榮旗成立了「三北」防護林工程建設領導小組，領導小組負責全旗「三北」防護林工程實施的統籌管理和調度，旗政府與各鄉鎮、林場層層簽訂責任狀，壓實工作責任，並將工程建設完成情況納入責任制考核，實行「一票否決制」，以此來保障阿榮旗「三北」防護林工程的順利推進。在「三北」防護林建設推進過程中，阿榮旗面對多重困局和難題，一方面創新提出了將「五荒」綜合治理作為「三北」防護林工程建設的重要內容，堅持造林只要生態效益的原則，按照「不求所有，但求所在」的造林成果處置方式，制定了「誰投資、誰治理、誰使用、誰受益」的優惠政策，允許跨地區、跨部門、跨行業有經營能力的集體、企業、個人以承包、購買、租賃和股份合作等多種經營形式參與造林，明確造林地使用權到個人，造林責任體系更加完善；另一方面將「退耕還林」、「退牧還林」、「綠色長廊」等工作與「三北」工程相結合，通過引入社會專業造

林力量進行造林，向社會羣眾購買後期管護服務的模式，為「三北」工程造林注入了新的動力，由過去造林「讓他栽」「不願栽」轉變為現在的「我要栽」「搶着栽」的生動局面，社會專業綠化力量和社會資本的注入，更是從根本上破解了工程造林專業力量薄弱、管護費用不足及「年年栽樹不見林」的難題。嚴謹的作業設計、先進的造林技術、全程的監督指導是阿榮旗「三北」工程取得成功的關鍵。阿榮旗「三北」工程的實施按照適地適樹的原則，在作業設計中明確造林的林種、樹種結構；阿榮旗林業局每年定期組織召開科技造林技術培訓班，大力推廣匯集徑流整地，地膜覆蓋，節水灌溉，應用保水劑、固體水、基質激活劑，ABT 生根粉、容器苗造林等配套技術，多年來培訓近 9 萬餘人；還將多年積累的營造林適用技術及可借鑒學習的經驗編撰成冊，向造林戶免費提供；成立專門監督檢查小組，對「三北」工程的種苗管理、施工流程、撫育管理等環節全程監督、指導，規範工程資金使用，安排專人負責檔案管理，提高阿榮旗三北工程造林的成活率和保存率，切實達到工程預期目標。

三、大江大河系統保護治理

　　水是生命之源、生產之要、生態之基。人類文明幾乎都起源於大江大河，沿河流繁衍發展。「十四五」規劃和 2035 年遠景目標綱要提出：「加強長江、黃河等大江大河和重要湖泊濕地生態保護治理，加強重要生態廊道建設和保護。」加強大江大河生態保

護和系統治理，關乎國家發展全局，具有基礎性保障性作用。奔騰不息的長江、黃河，是中華民族的搖籃，哺育了璀璨的中華文明。大江大河以百折不撓的磅礡氣勢塑造了中華民族自強不息的品格，是中華民族堅定文化自信的重要根基。古代黃河流域的河西走廊、黃土高原都曾經水豐草茂，由於毀林開荒、亂砍濫伐，生態環境遭到嚴重破壞，加劇了經濟衰落。唐代中葉以來，中國經濟中心逐步向東、向南轉移，很大程度上同黃河中上游生態環境變遷有關。歷史證明，實現中華民族偉大復興，必須加強大江大河生態保護和系統治理，保護好我們生存發展的生態根基。

大江大河以水為紐帶，連接上下游、左右岸、幹支流，形成經濟社會大系統，至今仍是連接絲綢之路經濟帶和 21 世紀海上絲綢之路的重要紐帶。長江經濟帶覆蓋沿江 11 省份，橫跨中國東中西三大板塊，人口規模和經濟總量佔據全國「半壁江山」，生態地位突出，發展潛力巨大。黃河流域既是中國重要的農產品主產區，又是重要的能源、化工、原材料和基礎工業基地。2018 年底，黃河流域省份人口約佔全國的 30.3%，地區生產總值約佔全國的 26.5%。加強長江、黃河等大江大河和重要湖泊濕地生態保護治理，通過點上的實質性突破帶動面上的整體性推進，有利於促進經濟社會發展全面綠色轉型，推動生態文明建設實現新進步。

大江大河擁有龐大的河湖水系，獨特完整的自然生態系統，強大的涵養水源、繁育生物、釋氧固碳、淨化環境功能，是珍貴的生物基因寶庫，也是重要的生態安全屏障。長江流域地跨熱帶、亞熱帶和暖溫帶，涵蓋許多具有全球意義的生物多樣性優先保護區域。長江流域還分佈着眾多國家級生態環境敏感區，建立了大量國家級自然保護區。黃河流經黃土高原水土流失區、五

大沙漠沙地，沿河兩岸分佈着東平湖和烏梁素海等湖泊、濕地，河口地區有中國溫帶最廣闊、最完整和最年輕的原生濕地生態系統。黃河流域是連接青藏高原、黃土高原、華北平原的生態廊道，擁有三江源、祁連山等多個國家公園和國家重點生態功能區。加強長江、黃河等大江大河生態保護治理，有助於築牢國家生態安全屏障，切實守住自然生態安全邊界。

2020 年 12 月 26 日，十三屆全國人大常委會第二十四次會議通過中國首部全國性流域立法 ——《中華人民共和國長江保護法》，為長江生態環境保護提供了重要法治保障。加快黃河保護立法進程。指導沿江、沿河省份編制印發「三線一單」，實施生態環境分區和准入清單管控。建立以排污許可制為核心的固定污染源監管制度體系，全面完成固定污染源排污許可全覆蓋工作。建立和完善生態保護補償機制，鞏固現有的流域生態保護補償機制建設成果，推動長江全流域建立橫向生態保護補償機制體系、黃河全流域試點橫向生態補償機制。實施長江十年禁漁計劃、黃河禁漁期制度，開展禁漁專項執法，嚴厲打擊非法捕撈行為，有效保護流域生態和漁業資源，為提升長江、黃河等大江大河生態系統質量、服務功能和穩定性奠定了堅實基礎。緊盯《長江保護修復攻堅戰行動計劃》重點任務，開展劣 V 類水體整治、入河排污口排查整治、「三磷」企業（礦、庫）整治等八大專項行動。有序推進黃河入河排污口「排查、監測、溯源、整治」四項任務；謀劃實施水源涵養提升、水土流失治理、黃河三角洲濕地生態系統修復等重大工程。啟動三江源國家公園試點，治理黃河源頭廢棄礦山，恢復水源涵養功能，水源涵養量持續增長。截至 2020 年底，長江流域入海河流劣 V 類國控斷面全面消劣，長江幹流首次

全線達到Ⅱ類水體。黃河幹流全線達到Ⅲ類水的水質標準，水環境呈逐年改善、持續向好的良好態勢。

【案例】

長江生態修復

　　長江擁有獨特的生態系統，生物多樣性最為豐富。但長期以來，受攔河築壩、水域污染、挖砂採石等高強度人類活動的影響，長江水域生態環境不斷惡化，長江生物多樣性持續下降。1950—2010年60年間，長江漁業十年際年均產量分別為32.4、25.3、16.7、24.2、15、6.4、5.8萬噸。最高產量為1954年的42.7萬噸，最低產量為2011年的4.7萬噸，2000年後主要捕撈產量源於鄱陽湖和洞庭湖，長江幹支流幾乎已經到了「無魚」等級。不斷惡化的長江水生生態系統使長江裏的魚羣種類受到了嚴重影響。1988年，白鱀豚、白鱘、中華鱘、長江鱘被列為一級保護動物，如今，白鱀豚功能性滅絕，白鱘滅絕，中華鱘、長江鱘極度瀕危。為了保護修復母親河的生態環境，2020年1月1日起，長江流域的332個自然保護區和水產種質資源保護區全面禁止生產性捕撈；2021年1月1日起，長江流域重點水域十年禁漁全面啟動。2020年，長江流域332個水生生物保護區率先實行永久禁捕。長江十年禁漁，是人與自然關係的重大調整，隨着長江大保護、長江禁漁深入實施，長江水質越來越好。長江水生生物資源量急劇下降的趨勢得到初步遏制，呈現逐步恢復向好趨

勢。2021 年 5—7 月，中國水產科學研究院長江水產研究所進行了長江中游水生生物資源監測。調查顯示，隨着長江全面禁捕工作的推進落實，長江常見魚類資源有恢復的趨勢，長江生態環境尚存的小型受威脅魚類種羣有恢復的跡象。在四川省宜賓市，這兩年眼見着江中的魚類越來越多，除了草魚、鯉魚，還有巖原鯉、胭脂魚等珍稀魚類。在湖北武漢江段、江蘇南通江段等一些過去的分佈空白區發現了江豚的身影，中下游種羣分佈更加連續，部分水域長江江豚單個聚集羣體達到 60 多頭，母子豚數量顯著增加，預示着未來江豚種羣將持續增長。通過實施長江十年禁漁、率先試點全面禁捕的赤水河，資源量達到禁捕前的 2 倍，特有魚類種數由 32 種上升至 37 種。時隔 30 年，長江刀鱭再次溯河洄游到洞庭湖水域。

黃河是中國第二長河。黃河流域西接崑崙、北抵陰山、南倚秦嶺、東臨渤海，橫跨東中西部，它發源於青藏高原巴顏喀拉山北麓，呈「幾」字形流經青海、四川、甘肅、寧夏、內蒙古、山西、陝西、河南、山東 9 省區，全長 5464 千米，流經區國土面積約 130 萬平方千米，是中國重要的生態安全屏障，也是人口活動和經濟發展的重要區域，在國家發展大局和社會主義現代化建設全局中具有舉足輕重的戰略地位。歷史上，黃河流域是中華文明起源和發展的核心地區，在中國 5000 多年文明史中，黃河流域有3000 多年是全國政治、經濟、文化中心。孕育了河湟、關中、三晉、河洛、齊魯等地域文化，分佈有鄭州、西安、洛陽、開封等古都，誕生了「四大發明」和《詩經》《老子》《史記》等經典著

作。黃河流域文物資源豐富，9 個省（區）共有不可移動文物 30
餘萬處，佔全國的 39.73%。黃河文化作為中華文化的主體與突出
代表，對中華文明乃至世界文明產生了深遠影響。哺育了佔世界
總人口約 20% 的中華民族，這是其最大的貢獻。發源於黃河流域
的黃河文化隨着中國歷史的發展不斷向外傳播，在中華民族五千
多年的文明史中，黃河文化不斷走向世界。但自古以來，黃河也
曾水患不絕，無數次的氾濫和改道，成為困擾為中華民族數千年
的難題。古有大禹治水三過家門而不入，近有黃河治理，「要把黃
河的事辦好」的囑託。作為中國母親河的黃河，目前也正面臨着
巨大的生態挑戰，水源匱乏、水體污染、水生態損害已成為亟待
解決的問題。2021 年 10 月 8 日，中國印發《黃河流域生態保護和
高質量發展規劃綱要》，提出通過 2030 年、2035 年兩個階段的努
力，力爭到本世紀中葉，黃河流域生態安全格局全面形成，重現
生機盎然、人水和諧的景象，幸福黃河目標全面實現，在中國建
設富強民主文明和諧美麗的社會主義現代化強國中發揮重要支撐
作用。

【案例】

黃河三角洲的濕地保護

黃河三角洲是黃河自 1855 年在河南蘭考東壩頭決口，奪
大清河河道在東營注入渤海並沿襲至今，經過百年來的滄海
變化，黃河攜帶的大量泥沙在入海口處淤積，形成了巨大的
沖積平原，孕育了獨特的河口三角洲生態系統。

特殊的地理區位、優越的生態環境，使黃河三角洲成為東北亞內陸和環西太平洋鳥類遷徙的重要驛站，在維持渤海灣和黃河下游流域生態平衡、保持生物多樣性方面具有重要作用。東營市是黃河入海口城市，經濟社會發展基礎良好，是中國重要的能源基地。

　　黃河三角洲是中國暖溫帶保存最完整、最年輕的濕地生態系統，被列入《國際重要濕地名錄》，肩負保護河口新生濕地生態系統和珍稀瀕危鳥類的雙重職責。區內共有種子植物 393 種，是中國沿海最大的新生濕地自然植被區。370 種鳥類聚集於此，其中國家二級以上保護鳥類 64 種，在世界 8 條鳥類主要遷徙通道中，黃河三角洲橫跨 2 條，是東北亞內陸和環西太平洋地區鳥類遷徙的重要中轉站、栖息地和繁殖地，被譽為「中國東方白鸛之鄉」「中國黑嘴鷗之鄉」。近年來，東營市牢牢把握「打造山東高質量發展的增長極、黃河入海文化旅遊目的地，建設富有活力的現代化濕地城市」新時代東營高質量發展目標定位，加強生態環境保護，加快新舊動能轉換，推動高質量發展，全市經濟社會各項事業不斷取得新進展，在黃河流域和東部沿海地區開放開發中的戰略地位不斷提升。

　　黃河三角洲濕地作為新生濕地生態系統，具有年輕性、脆弱性、不穩定性等特點。受黃河入海流路、水沙量、降水量、人為活動等多重因素影響，陸海相互作用強烈，問題複雜多樣、相互交織，黃河三角洲面臨整體性生態退化問題和風險。解決黃河三角洲面臨的突出問題，重在保護，要在治理，要堅持山水林田湖草沙綜合治理、系統治理、源頭治

理，統籌推進各項工作，加強協同配合，努力開創黃河三角洲生態保護和高質量發展的新局面。

　　源遠流長的黃河文化、博大精深的海洋文化、艱苦創業的石油文化、薪火永傳的革命文化、自然獨特的生態文化、兵家始祖的孫子文化、民間特色呂劇文化，在這裏交相輝映、熠熠生輝。全市濕地總面積達 22 萬公頃，榮獲全球首批「國際濕地城市」稱號。黃河口（東營）國際馬拉松賽連續七年被評為中國馬拉松「金牌賽事」。

四、生態文明建設試驗示範

（一）國家生態文明試驗區建設

　　設立統一規範的國家生態文明試驗區，是中國凝聚改革創新合力、增添綠色發展動力、提升治理體系效力的關鍵之舉。2016 年以來，中國設立福建、江西、貴州、海南為國家生態文明試驗區，開展生態文明體制改革綜合試驗，為完善生態文明制度體系探索路徑，為建設天藍、水清、土淨、地綠的美麗中國積累經驗。國家發展改革委充分發揮國家生態文明試驗區的改革試驗田、攻堅排頭兵作用，堅持把制度建設與體制改革相結合，把模式探索和政策創新相融合，推動生態文明體制改革從局部探索、破冰突圍逐步向系統集成、全面深化轉變，形成一批重大制度成果和典型經驗模式，在全國層面深化生態文明體制改革、推進綠色發展、加快建設美麗中國進程中發揮了重要作用。自 2016 年以

來，中國先後在福建、江西、貴州和海南四省開展試驗區建設，旨在通過開展生態文明體制改革的綜合性試驗，探索可複製、可推廣的制度成果和有效模式，引領帶動全國生態文明建設和體制改革。

【案例】

貴州：西部地區唯一的國家級生態文明試驗區

　　貴州是長三角、珠三角兩大經濟引擎的重要生態安全屏障，一直以來秉持綠水青山就是金山銀山理念，始終堅持生態優先、綠色發展，強力實施大生態戰略行動，走出了一條有別於東部不同於西部其他省份的發展新路。2016 年 6 月，中共中央、國務院批覆貴州成為首批國家生態文明試驗區，支持開展綠色屏障建設制度、促進綠色發展制度、生態脫貧制度、生態文明大數據建設制度、生態旅遊發展制度、生態文明法治建設、生態文明對外交流合作、綠色績效評價考核等八個方面創新試驗。作為西部地區唯一的國家級生態文明試驗區，貴州省以建設「多彩貴州公園省」為總目標，深入實施大生態戰略行動，推動大生態與大扶貧、大數據、大健康、大旅遊、大開放相結合，全力打造「五個示範區」，形成了一批可複製可推廣的重大制度成果。目前，34 項核心改革任務全面完成，13 個方面、30 項改革成果列入國家推廣清單，對完善國家生態文明治理體系，加快推進生態文明治理

能力現代化發揮了積極作用。

一是持續推進產業綠色轉型。立足生態資源條件和產業發展實際，將生態利用型、循環高效型、低碳清潔型、環境治理型綠色經濟「四型產業」作為發展綠色經濟的關鍵點，發佈實施大生態工程包，建立本土大生態企業庫，培育一批具有重要影響力、帶動力的本土大生態龍頭企業，做大做強大生態領域市場主體。圍繞十大千億級工業企業產業振興行動實施方案，深入實施「千企改造」工程，創建一批綠色園區和綠色工廠，發揮示範帶動作用，引領工業綠色轉型。

二是做大做強特色優勢產業。努力打通「兩山」雙向轉換通道，促進農村產業升級，以規模化、標準化、品牌化和市場化為重點，不斷提高經濟發展的質量和效益，高位推動茶、食用菌、中藥材、辣椒等 12 個農業特色優勢產業做大做強，農業產業結構進一步優化。

三是創新推動服務業發展。積極實施服務業創新發展十大工程，大力發展大數據、大旅遊、大健康等生態環境友好型產業。堅持「全景式規劃、全產業發展、全季節體驗、全社會參與、全方位服務、全區域管理」的發展理念，扎實推進全國全域旅遊示範省創建工作。積極推進國家級綠色金融改革創新試驗區建設，設立全國首個「綠色金融」保險服務創新實驗室。截至 2020 年，貴州數字經濟增速連續 5 年居全國第一，大數據產業發展指數居全國第三，共創建國家 5A級旅遊景區 8 家、國家 4A 級旅遊景區 126 家，旅遊總收入5785.09 億元。

（二）生態文明建設示範區

　　生態文明示範創建是踐行習近平生態文明思想的重要平台和有效載體，是美麗中國建設的細胞工程。各地方也高度重視，把它作為推動綠色發展，促進高質量發展的重要抓手。截至 2022 年，生態環境部共命名 6 批 468 個生態文明建設示範區。創建地區在綠色發展水平、生態文明制度創新、繁榮生態文化、培育生態生活等方面走在前、做表率，不僅生態環境「顏值高」，而且綠色發展有「內涵」，在提高區域生態環境質量、推動生態產品價值實現、支撐國家重大戰略、提升生態文明建設水平等方面發揮了重要作用。生態文明建設示範區創建重點在「面」，在市縣域範圍內，探索統籌推進「五位一體」總體佈局，將生態文明建設融入經濟建設、政治建設、社會建設和文化建設各方面、全過程的示範樣板。生態環境部堅持將生態文明建設的要求轉化為工作制度，將制度化、規範化作為創建工作的生命線，先後制修訂了《國家生態文明建設示範市縣建設指標》《國家生態文明建設示範市縣管理規程》等文件。國家生態文明建設示範市縣按照生態制度、生態安全、生態空間、生態經濟、生態生活、生態文化 6 大領域共設置 40 項指標，基本涵蓋了生態文明建設「五位一體」各方面、全過程。從類型來看，已命名地區涵蓋了山區、平原、林區、牧區、沿海、海島等不同資源稟賦、區位條件、發展定位的地區，提供了一批生態文明建設的先進典型，為全國生態文明建設提供了更加形式多樣、更為鮮活生動、更有針對價值的參考和借鑒，發揮了良好的示範引導作用。

【案例】

五蓮的生態文明示範創建

山東省日照市五蓮縣山地丘陵面積達86%，是典型的山區縣，多年來，牢固樹立和踐行「綠水青山就是金山銀山」理念，把「生態強縣」擺到縣域發展「四大戰略」首位，將建設「兩山」理念實踐創新新高地作為「五大定位」之一，聚焦建設富強、秀美、精緻、活力的現代化錦繡五蓮，探索出一條具有山區特色的綠色崛起之路，五蓮縣先後創建為國家重點生態功能區、國家級生態示范縣、中國最美縣域、國家園林縣城、全國綠化模范縣。

五蓮山多地少，1947年建縣初期，森林覆蓋率不足10%，十年九旱、地力貧瘠、發展受限。歷屆縣委、縣政府接力「走山路」，咬定生態優先發展戰略不動搖，持續造林綠化，形成了「五蓮精神」，成為持續涵養綠水青山的力量源泉。在荒山多裸巖多、缺水少土的蓮西區域，通過創新國企介入撬動社會資本投入等模式，綠化2萬多畝荒山，栽植3000畝生態林、2000畝黃桃經濟林，推動「荒山變青山、葉子變票子」。為弘揚五蓮精神、推廣綠化經驗，山東省委、省政府先後6次在五蓮召開現場會。目前全縣森林覆蓋率達40%，高於全國平均水平15個百分點。

將守護「綠水青山」作為第一重任，深入打好藍天、碧水、淨土「三大保衛戰」，生態環境持續優化，空氣質量優良天數常年保持在300天以上，重點河湖全部達到II類水

質。大力推進農村人居環境整治，探索出全域景區化、節點特色化、村莊精緻化、管理網格化的「四化」路徑，省級、市級美麗鄉村達410個，佔村莊總數的2/3，成為全國清潔村莊行動先進縣、山東省「整縣域推進鄉村生態振興」重點縣。

以創建「國家全域旅遊示範區」為抓手，推進生態、旅遊深度融合，全縣80%以上的林水項目融入採摘遊、民宿遊等元素，深耕美麗經濟，做強生態旅遊，每年舉辦中國·五蓮「綠水青山」運動會，線上線下吸引5萬餘人參賽，是全國最美旅遊生態示范縣、全國休閒農業和鄉村旅遊示范縣、中國旅遊競爭力百強縣。

為集聚生態農業發展力量，探索土地入股、果樹入股、鄉村遊入股等模式，黨支部領辦合作社達620家，實現行政村全覆蓋，帶動集體收入全部10萬元以上。聚焦農業向綠，做強生態農業，綠色、有機農產品產值分別佔30%以上，是山東省生態循環農業示范縣、農業「新六產」示范縣。

圍繞生態工業、生態農業、生態文旅，招引了一大批綠色低碳、技術領先的「四新」項目。2022年以來，新簽約總投資350多億元的70餘個項目，涵蓋康養文旅、智能製造、新能源等。

成立縣委生態文明建設辦公室，組建「兩山」理念實踐創新工作專班，在統籌開展縣鄉村三級GEP核算基礎上，依託國企搭建「兩山」生態價值轉化實體化平台，集中收儲和規模開發生態資源，創新生態價值多元轉化路徑，推動生態產品從「無價」到「有價」，爭創為山東省生態產品價值實現機制試點縣。

創新綠色生態金融產品，推出林果飄香貸等一批「生態價值貸」，累計發放貸款 4.09 億元，有力助推生態產業發展。聚焦探索生態「高顏值」、經濟「高質量」協同發展，出台《打造「近零碳」鄉村示範區的實施意見》，選取試點村莊集中連片、整體打造，「兩山」價值轉化再添新路。

（三）綠水青山就是金山銀山實踐創新基地

「綠水青山就是金山銀山」實踐創新基地重點在「點」，以縣、鄉、村為單元，也可以流域為單元，重點探索「綠水青山就是金山銀山」的轉化模式，截至 2022 年，生態環境部共命名 6 批 187 個「兩山」基地。各地積極探索「兩山」轉化路徑，形成了「生態修復、生態農業、生態旅遊、生態工業、『生態＋』複合產業、生態市場、生態金融、生態補償」等多種實踐模式，為全國「綠水青山就是金山銀山」實踐提供了經驗借鑒和參考樣本，在推動生態惠民方面取得實實在在的進展。

一是**「守綠換金」**模式。這類地區往往是生態功能重要、處於國家生態安全屏障地區，其人為干擾破壞程度低，植被覆蓋度高，以「綠水青山」守護為核心。一方面，這類地區依託重要的生態功能，通過建立健全重點生態功能區轉移支付、橫向生態補償機制等，將不動的「綠水青山」換成「金山銀山」，從而增加地方財政收入。近年來，中央財政重要生態功能轉移支付資金達 6000 億元，818 個市縣受益。另一方面，這類地區依託退耕還林還草、退牧還草、天然林保護等國家重大生態建設工程，設立生態管護員工作崗位，通過開展森林、草原、濕地、沙化土地管護

掙「生態錢」，實現生態惠民、生態富民。平均每個生態崗位年均收入 4000—9000 元不等。

二是「**添綠增金**」模式。這類地區生態環境本底較差或生態環境脆弱，如甘肅八步沙林場、內蒙古庫布其沙漠、山西右玉等。這類地區以改善生態環境質量、提升生態資產、增值生態資本為主要任務和舉措，通過堅持不懈地開展復綠、增綠、添綠、補綠等生態環境保護與建設，久久為功，將沙漠變綠洲、荒漠變林海，不斷夯實綠色可持續發展的生態根基，築牢經濟社會發展的「生態銀行」，推動生態資產、綠色資本不斷增值、累積和變現，將「綠水青山」的自然財富、生態財富轉變為社會財富、經濟財富，實現了脫貧攻堅、鄉村振興的協同發展。庫布其沙漠種植各類喬木、灌木 300 餘萬畝（合 20 萬公頃），通過開發種植加工業，帶動當地 300 餘戶牧民脫貧致富。

三是「**點綠成金**」模式。這類地區生態環境本底好、特色產業比較發達，如浙江安吉縣、四川稻城縣、雲南紅河州元陽哈尼梯田遺產區等。這類地區以發展「生態＋」產業、推動新業態融合和打造生態品牌為主要抓手，通過推動發展綠色、有機、生態循環農業，延伸上下游產業鏈，實行產業轉型升級和綠色化改造，發展生態旅遊，建設特色生態品牌，推動實現大生態與大數據、大健康、大旅遊等協同發展，創新生態產品價值產業化實現的路徑，將「綠水青山」的生態優勢直接轉化為「金山銀山」的高質量發展優勢，最終實現「點綠成金」。

四是「**綠色資本**」模式。這類地區生態環境優良、生態資源豐富、區域生態文明體制改革創新能力較強，如安徽旌德縣、四川旺蒼縣、浙江麗水等。這類地區以建立綠色資本市場、發展

綠色金融為主要路徑和突破口，一方面通過搭建生態產品及其價值交易的市場平台，實現生態產品的市場化運作和交易；另一方面探索綠色價值的金融化、資本化手段，將生態資源股權化、證券化、債券化、基金化，盤活生態資源，實現金融活動與環境保護、生態平衡和經濟社會的協調發展。安徽旌德縣 968 農戶通過 26 萬畝（約合 1.7 萬公頃）林地入股 35 個林業專業合作社，每年收益 50 餘萬元。

【案例】

邕寧區的「兩山」轉化之路

　　廣西壯族自治區南寧市邕寧區「兩山」引領促發展、「點綠成金」惠民生。近年來，邕寧堅持綠色發展理念，以農業產業多樣化、生態休閒旅遊為發展重點，積極培育新型經營主體，延長產業鏈，促進「生態＋產業」業態融合發展，探索出了一條符合邕寧區情的綠水青山向金山銀山轉化的路徑，實現了生態保護和經濟發展雙贏。

　　發展「生態＋」農業。以循環經濟和延伸產業鏈為抓手，創建提升現代特色農業示範區工程，創新綠色循環發展模式，發展優勢特色產業，培育邕寧品牌，帶動農戶實現抱團式發展，促進農民持續增收。推動生態農業多樣化，實施「1+N」產業發展模式，每個村選定 1 個特色主導產業、N 個特色輔助產業。

　　發展「生態＋」工業。承接五象新區開發機遇，以新興

產業作為工業發展的突破口，調整優化產業佈局，打造綠色工業園區。淘汰落後產能騰出環境容量，以生態環境保護為重點，淘汰高污染、高能耗、高排放的工業企業。推動傳統產業綠色轉型升級。發展戰略性新興產業，主動對標高質量發展要求，把戰略性新興產業作為工業發展的主導方向。

發展「生態＋」旅遊業。主動融入環首府生態旅遊圈，把旅遊業作為南寧市邕寧區的戰略性支柱產業來抓。修復礦坑建設生態園博，對採石廢棄礦坑進行生態修復，並建成南寧園博園。建設過程不佔用基本農田、不大拆大建，不推山，不填湖，自然山水風貌保持率43.2%，盤活了廢棄礦坑、貝丘遺址等生態文化資源，營造「三湖六橋十八嶺」的山水園林景觀格局，形成國內獨具特色的礦坑採石場生態修復示範園。整合資源發展旅遊項目，以第十二屆中國（南寧）國際園林博覽會落戶邕寧和創建廣西特色旅遊名縣為契機，南寧市邕寧區整合山水、田園、文化等優勢資源，強力推進「一園兩帶三線」旅遊規劃建設，加快推動了南寧萬達茂、頂螄山田園風光區等一批重大旅遊項目相繼竣工運營，成功打造獨具特色的國家4A級旅遊景區4個、國家3A級旅遊景區5個。

邕寧以產業鏈條縱向延伸促進生態業態融合發展，不斷延展「生態＋」效益，推進生態產業化、產業生態化，形成了以生態農業為核心，以三產融合發展為引領支撐，探索具有邕寧特色的生態農業、鄉村旅遊業等多產高度融合的「兩山」轉化模式，推動綠色產業發展，不斷釋放生態紅利，「兩山」轉化成效明顯。南寧市邕寧區「生態＋」複合發展模式

適用於生態資源豐富、產業基礎較好的地區，將「兩山」理念融入產業發展，多元化發展「生態＋」產業，深入挖掘特色產業延伸產業鏈條，發展綠色低碳循環經濟，不斷提升人民群眾的獲得感、幸福感、安全感。

五、國家公園建設

國家公園是中國自然生態系統最重要、自然景觀最獨特、自然遺產最精華、生物多樣性最富集的區域。國家公園保存了大面積高原濕地、高寒草原草甸等自然生態系統，生態系統與生物物種代表性最強。「國家公園」的概念源自美國，目前被全世界許多國家所使用，儘管各自的確切含義不盡相同，但基本意思都是指自然保護區的一種形式。

經過 100 多年的發展，國家公園理念已經在全球範圍內得到 150 多個國家和地區的響應。世界各國根據本國資源特色和基本國情，進行了不同程度的實踐探索，保護思想和管理模式逐步演化發展。根據世界保護地數據庫統計，截至 2022 年 4 月，屬於世界自然保護聯盟保護地分類體系中「國家公園」的數量已高達 5943 個。

在中國，國家公園是自然保護地體系的主體，其空間佈局直接關係到中國國土空間規劃和自然保護地體系構建。從 2013 年提出建立國家公園體制以來，國家公園的推進緊緊圍繞生態文明和美麗中國建設，通過組織試點、總結經驗、加強頂層設計和制定相關標準，總體朝着統一、高效和規範的方向發展。

【案例】

三江源國家公園

　　三江源國家公園總面積 12.31 萬平方千米，涉及治多、曲麻萊、瑪多、雜多四縣和可可西里自然保護區管轄區域，共 12 個鄉鎮、53 個行政村。公園佔三江源總面積約三分之一，包括冰川雪山、河湖和濕地、草地和林地等。三江源位於青海省南部、青藏高原腹地，地形地貌以山原和高山峽谷地貌為主，平均海拔 4500 米以上，是長江、黃河、瀾滄江的發源地，有「中華水塔」、「亞洲水塔」之稱。三江源國家公園位於青藏高原氣候區北端尾閭區，氣候由亞熱帶向溫涼、半乾旱至嚴寒乾旱過渡。主要特徵為冷熱兩季、雨熱同期、冬長夏短；溫度年較差小、日較差大；日照時間長、輻射強烈；植物生長期短，無絕對無霜期。多年平均氣溫在 -5.6—7.8℃ 之間，冷季長達 7 個月。多年平均降水量自西北向東南 262.2—772.8 毫米。年日照時數 2300—2900 小時，年太陽輻射量 5658—6469 兆焦耳／平方米，全年 ≥8 級大風日數 3.9—110 天，空氣含氧量僅相當於海平面的 60%—70% 左右。主要氣象災害為雪災。三江源國家公園包括長江源、黃河源、瀾滄江源 3 個園區，各具特色。長江源區以俊美的高山冰川著稱；黃河源頭湖泊星羅棋佈，呈現「千湖」奇觀，鄂陵湖和扎陵湖如兩顆鑲嵌在高原草地的明珠，瀾滄江源頭峽谷兩岸不僅風光無限，更是高原生靈的天堂。三江源國家公園自然稟賦得天獨厚，集草地、濕地、森林、河流、湖泊、雪

山、冰川、江河源頭和野生動物、世界自然遺產為一體，展現了地球上年輕的地貌，造就了獨特的高原高寒山地氣候，保存了大面積原真的原始風貌，是中國乃至東南亞的重要水源涵養區、氣候格局的穩定器，是國家重要的生態安全屏障。與世界眾多國家公園相比較，功能更多樣、類型更齊全、結構更複雜、景觀更豐富，更具自然生態的代表性、典型性、系統性和全局性。

自 2015 年 12 月起，中國陸續建立 10 個國家公園體制試點區，從管理體制、運行機制、生態保護、社區發展等方面進行改革試點。2017 年，中共中央辦公廳、國務院辦公廳印發《建立國家公園體制總體方案》，要求構建統一規範高效的中國特色國家公園體制，明確了國家公園體制建設的主要任務。2021 年 10 月 12 日，在《生物多樣性公約》第十五次締約方大會領導人峰會召開期間，中國宣佈正式設立三江源、大熊貓、東北虎豹、海南熱帶雨林、武夷山等第一批五個國家公園，涉及青海、西藏、四川、陝西、甘肅、吉林、黑龍江、海南、福建、江西等 10 個省區，均處於中國生態安全戰略格局的關鍵區域，保護面積達 23 萬平方千米，涵蓋近 30% 的陸域國家重點保護野生動植物種類。2023 年印發的《國家公園空間佈局方案》中，共遴選出 49 個國家公園候選區（含正式設立的 5 個國家公園），包括陸域 44 個、陸海統籌 2 個、海域 3 個。其中，青藏高原佈局 13 個候選區，形成青藏高原國家公園群，將系統、整體保護「地球第三極」；在長江流域佈局 11 個候選區，黃河流域佈局 9 個候選區，將對長江大保護、黃河流域生態保護和高質量發展起到重要的支撐作用。這些

區域總面積約 110 萬平方千米，其中陸域面積約 99 萬平方千米、海域面積約 11 萬平方千米，佔陸域國土面積的 10.3%。全部建成後，中國國家公園保護面積的總規模將居世界最大。它們覆蓋了森林、草原、濕地、荒漠等自然生態系統，以及自然景觀、自然遺產、生物多樣性等最富集區域，共涉及現有自然保護地 700 多個，10 項世界自然遺產、2 項世界文化和自然雙遺產、19 處世界人與生物圈保護區。在這些地域中，分佈着 5000 多種野生脊椎動物和 2.9 萬多種高等植物，保護了 80% 以上的國家重點保護野生動植物物種及其栖息地；同時也保護了眾多大尺度的生態廊道，保護了國際候鳥遷飛、鯨豚類洄游、獸類跨境遷徙的關鍵區域。到 2035 年，中國基本建成全世界保護規模最大、保護生態類型和生物多樣性最豐富，且惠及面最廣最大的國家公園體系。

【案例】

武夷山國家公園

武夷山國家公園整合了福建武夷山國家級自然保護區、武夷山國家級風景名勝區、九曲溪光倒刺鲃水產種質資源保護區、國家森林公園等多種類型保護地，是中國唯一一個既是人與生物圈保護區，又是世界文化與自然雙遺產的保護地。武夷山是東南動植物寶庫。武夷山為野生動植物的生存和繁衍提供了良好的環境，是眾多古老孑遺物種的避難所、集中分佈地、物種基因庫，是中國生物多樣性優先保護區域之一。武夷山海拔高差懸殊，植被類型豐富，垂直分佈明

顯，基本囊括了中國中亞熱帶地區所有植被類型，羣落鑲嵌現象明顯。以原生性常綠闊葉林為主體的森林生態系統，是中國浙閩沿海東南山地最具代表性，以及世界同緯度帶最完整、最典型、面積最大的原生性中亞熱帶森林生態系統。武夷山國家公園通過強化產業准入，打造生態茶業、生態旅遊業，探索生態產品價值實現機制，帶動周邊社區綠色發展，形成和諧共贏新格局。一方面，提升生態旅遊品質，實現生態成果與旅遊收益共享。創新森林景觀補償，實行景觀資源山林所有權、使用管理權「兩權分離」管理，對 7.76 萬畝原景區集體山林進行補償，並與旅遊收入建立聯動遞增機制，平均每年給村民「分紅」300 餘萬元。另一方面，打造生態茶業，促進經濟發展與生態保護共贏。在控制茶園總量的前提下，通過園企聯建無償提供珍貴樹種苗木，鼓勵和支持茶企、茶農高標準建設生態茶園示範基地 4000 多畝，引導茶農不斷提升茶葉品質，推進生態茶業可持續發展。

第三章

中國的生物多樣性保護

生物多樣性是一定空間範圍內各種動物、植物、微生物與環境形成的生態複合體以及與此相關的各種生態過程的總和，是生物之間及其與環境之間複雜的相互關係的體現。生物多樣性是生物資源豐富多彩的標誌，也是對自然生態平衡基本規律的一個簡明的科學概括，因此成為衡量生態發展是否符合客觀規律的重要尺碼：一個區域生態保護得是否完整，在很大的程度上要以其生物多樣性的保護和利用是否合理來確定。生物多樣性包含三個緊密聯繫的層次：遺傳多樣性、物種多樣性和生態系統多樣性，核心是物種多樣性。

　　生物多樣性關係人類福祉，是人類賴以生存和發展的重要基礎。人類必須尊重自然、順應自然、保護自然，加大生物多樣性保護力度，促進人與自然和諧共生。據研究報告顯示，目前全球約有 100 萬動植物物種因人類活動而面臨滅絕的風險，物種滅絕的速度是過去千萬年平均速度的數十甚至數百倍，且有不斷加速的趨勢。同時，全球 75% 的陸地表面發生了巨大改變，66% 的海域正在受到人類活動的負面影響，85% 以上的濕地面積已經喪失，生物多樣性包括物種內的多樣性、物種間的多樣性和生態系統多樣性都在惡化。遏制生物多樣性喪失，已經成為全球共同關

注的熱點問題。

近年來，中國實施了重要生態系統保護和修復重大工程，不斷優化生態安全屏障體系，加快構建生態廊道和生物多樣性保護網絡，持續提升生態系統質量和穩定性，生物多樣性保護工作取得積極成效。

加強生物多樣性保護的頂層設計。 2010 年，經國務院批准，原環境保護部發佈了《中國生物多樣性保護戰略與行動計劃（2011—2030 年）》，這是指導中國生物多樣性保護的綱領性文件。2011 年，國務院批准成立中國生物多樣性保護國家委員會，由國家領導人擔任主席，成員包括中共中央宣傳部、國家發展和改革委員會等二十多個部委和單位，祕書處設在原環境保護部，統籌協調生物多樣性保護工作，指導「聯合國生物多樣性十年中國行動」，並承擔中國履行《生物多樣性公約》的協調工作。完善地方生物多樣性保護體制機制，加強生物多樣性保護的制度保障是當務之急。全國大部分省份成立了跨部門的生物多樣性保護協調機制，一些省份發佈了生物多樣性保護戰略與行動計劃（雲南省還出台了全國首個省級生物多樣性保護條例）。各地陸續出台了生物多樣性保護地方性法規，進一步完善各地跨部門的生物多樣性保護協調機制，加快編制和定期更新生物多樣性保護戰略與行動計劃。

履行生物多樣性保護國際義務。 生物多樣性保護是人類共同面臨的問題，也是中國作為負責任大國應當履行的國際義務。1992 年 6 月，聯合國環境與發展大會通過了具有里程碑意義的《生物多樣性公約》，中國是最早加入《生物多樣性公約》的國家之一。中國積極履行《生物多樣性公約》及其議定書，將生物

多樣性保護作為生態文明建設的重要內容，納入各部門各地區的有關規劃計劃中並予以實施，獲得國際社會的認可。2021—2022年，中國作為主席國先後在中國雲南昆明和加拿大蒙特利爾主辦了《生物多樣性公約》第十五次締約方大會，通過大會推動新的全球生物多樣性戰略計劃，為 2030 年前全球生物多樣性保護設計目標與路線圖。各地區、各部門積極參與國家履約活動，全方位、多層次展示中國生態文明建設成就，分享創新、協調、綠色、開放、共享的發展理念。

夯實生物多樣性保護的基礎。 生物多樣性本底調查、觀測和評估是制定生物多樣性保護方案、開展保護政策的前提。通過生物多樣性本底調查，可以獲取詳細準確的生物多樣性分佈數據。在一定區域內對生物多樣性進行定期觀測，可以掌握生物多樣性變化趨勢，揭示影響生物多樣性的自然和人為因素。生物多樣性評估可以表徵生物多樣性的整體狀況明確保護重點和目標。近年來，生態環境部發佈了縣域生物多樣性調查與評估技術規定 12項、生物多樣性觀測技術導則 13 項、中國生物多樣性紅色名錄 3卷，開展了重點地區生物多樣性本底調查與評估，初步建立了全國生物多樣性觀測體系，開展了主要生物類羣的常態化觀測。根據國家技術規範的要求，各地區應結合當地生物多樣性分佈的特點，開展重點地區、重點生物類羣的調查、觀測和評估，提升生物多樣性保護管理的水平。

開展就地保護與遷地保護。 在原有的自然條件下，對生態系統和自然棲息地以及存活種羣進行就地保護與恢復，是生物多樣性保護中最為有效的措施。建立自然保護地體系，設立自然保護區是就地保護的重要措施。目前，各類就地保護場所達一萬餘

處，總面積約佔中國陸域國土面積的 18%，89% 的國家重點保護野生動植物在自然保護區內得到保護，部分珍稀瀕危物種野外種群正在逐步恢復，大熊貓、東北虎、朱鹮、藏羚羊、揚子鰐等部分珍稀瀕危物種野外種群數量穩中有升。今後要擴大保護區數量和面積，優化空間佈局，提升保護區管理水平，加強生物廊道和保護區群建設，增加保護地的連通性，進而提高就地保護的成效。在不具備就地保護條件時，將生物多樣性的組成部分移到它們的自然環境之外進行遷地保護，如建設動物園、植物園、區域生物遺傳資源庫和種質資源庫等，是生物多樣性保護的一種輔助措施。據不完全統計，全國已建動物園 240 多個，建立 250 處野生動物救護繁育基地，建立植物園（樹木園）250 座，建成由國家中期庫、國家種質庫、省級中期庫、國家種質圃等 74 個庫圃組成的國家農作物種質資源平台，使瀕臨滅絕的大熊貓、朱鹮、東北虎等近 10 種極危動物種群開始復甦，60 多種珍稀、瀕危野生動物人工繁殖成功。今後要加強遷地保護能力建設，進一步優化動物園、植物園佈局，開展標準化試點建設。建設一批區域生物遺傳資源庫和種質資源庫，開展瀕危種、特有種和重要生物遺傳資源的收儲。

維護國家生物安全。外來入侵物種是導致全球生物多樣性喪失的主要因素之一。伴隨中國全方位對外開放新格局推進進程，生物入侵的壓力繼續增大。近年來，外來入侵物種在中國呈現傳入頻率加快、數量增多、種類增加、蔓延範圍擴大、危害加劇、損失加重的趨勢，對中國生物安全的威脅不斷加大。轉基因生物的安全性問題一直伴隨着轉基因技術的每個發展階段，轉基因生物的安全性問題主要包括食品安全、環境安全以及對社會經濟、

倫理、法律的影響。為維護國家生物安全，中國將進一步開展外來入侵物種調查，建立完善外來入侵物種的預警和監測體系，開展外來物種風險評估，開展轉基因生物環境釋放風險評估。

推進生物多樣性保護重大工程。中國將實施生物多樣性保護重大工程，着力在以下幾個方面開展工作：加快建立國家生物多樣性調查體系，構建佈局合理，功能完善的全國生物多樣性觀測網絡體系，開展重要生態系統和主要生物類羣的常態化觀測；進一步加強以自然保護區為主的就地保護能力建設，擴大保護區數量和面積，加強生物廊道和保護區羣建設，提高連通性；加強遷地保護能力建設，優化動物園、植物園佈局，建設一批區域生物遺傳資源庫和種質資源庫；制定和完善生物遺傳資源獲取與惠益分享管理制度，規範生物遺傳資源保護與利用；繼續實施退耕還林、退牧還草、濕地保護與恢復等重點生態工程，推進重要生態系統保護與修復；進一步落實《聯合國生物多樣性十年中國行動方案》，提高公眾保護意識，創造全民參與生物多樣性保護的良好氛圍。中國各地方政府正在積極配合國家生物多樣性保護重大工程的實施，充分發動當地的資金和技術力量，加大投入，組織開展地方生物多樣性保護項目，努力提升生物多樣性保護的整體能力。

【案例】

蒙陰的生物多樣性保護

山東省臨沂市蒙陰縣森林覆蓋率 62.2%，是山東省 7 大生

物多樣性重點保護區域之一，生物多樣性豐富，野生動植物達 1300 餘種。近年來，蒙陰縣以實施生物多樣性保護與有害生物防治工程為抓手，進一步加大生物多樣性保護力度，夯實生態基礎，維護生態安全。

開展生物多樣性調查。開展全域生物多樣性調查，摸清全縣植物、動物、微生物等生物資源家底，建立生物資源名錄和基礎數據庫，提出生物多樣性保護及生態系統保護對策建議，為生物多樣性保護、管理和決策提供科學依據。

加強林業有害生物防控。充分發揮有害生物監測站點作用，加強對重大林業有害生物實時監測，綜合採取飛機防治、人工防治、生態藥物防治和生物防治相結合的方式，加大對美國白蛾、日本松幹蚧、松材線蟲病等重大林業有害生物的防控力度。2022 年，全縣累計投入防控資金 1000 餘萬元開展蒙山區域松材線蟲病預防、日本松幹蚧防治、美國白蛾等食葉害蟲防治，有力保障了生物多樣性安全。

建設生物多樣性和有害生物監測監管系統。蒙陰縣生物多樣性和有害生物監測監管系統建設包括平台建設、監測站點建設和調度指揮中心三部分。平台建設與森林防火視頻監控、古樹名木監控等系統互聯互通，對全域範圍的生物多樣性和有害生物進行監測監管；在生物多樣性豐富、重點保護物種分佈集中的區域規劃建設觀測站點 50 餘處，對範圍內生物資源進行實時監測監控，並共享至生物多樣性和有害生物監測監管平台，實現全縣生物多樣性和有害生物全口徑、全要素、動態化、精準化、網格化、可視化監測管理，通過

「數字賦能」提升全縣生物多樣性保護和林草有害生物防控精準化、智慧化水平。

強化生態資源保護管理。加強「人防＋物防＋技防」能力建設，突出抓好森林防火工作，不斷完善網格化管理體系，開展防火檢查站標準化建設，配備遠程視頻監控，配強物資裝備和滅火隊伍，專職護林員進行全天候林區巡查，確保了全縣森林資源安全。

一、中國珍稀瀕危物種保護成效顯著

在生物多樣性之中，珍稀瀕危物種是其中的重要組成部分。瀕危動物指的是由於物種本身原因或受到人類活動、自然災害影響而有滅絕風險的野生動物。人類經過千百萬年漫長的進化繁衍，其每一步的成長和發展都離不開對野生動物的利用。但自工業文明以來，由於生產活動的需要和經濟利益的驅使，一些人盲目獵捕動物，而有些生產生活行為又間接地破壞了動物的生存環境。幾百年來，這種大肆捕殺的行為已致使一些動物走向滅絕。據有關科學家研究，自 16 世紀以來，世界上約有 250 多種動物已經滅絕，很多瀕危動物的滅絕速度也正在加快。

中國幅員遼闊，陸海兼備，地貌和氣候複雜多樣，孕育了豐富而又獨特的生態系統、物種和遺傳多樣性，是世界上生物多樣性最豐富的國家之一。據統計，中國脊椎動物種類多達 6500 多種，約佔全球脊椎動物種類總數的 10%。中國也是全球植物多樣性最豐富的國家之一，大約有 35856 種高等植物，約佔世界總數

的 10%，居世界第三位。中國一直高度重視保護珍稀瀕危動物的工作，《瀕危野生動植物種國際貿易公約》於 1973 年 6 月 21 日在美國華盛頓通過，1975 年 7 月 1 日生效。該公約旨在通過對瀕危野生動植物種及其製品的國際貿易實施控制和管理，確保野生動植物種國際貿易不會危及到物種本身的延續，促進各國保護和合理利用瀕危野生動植物資源。中國於 1980 年 12 月 25 日決定加入該公約，公約於 1981 年 4 月 8 日對中國生效。1988 年 11 月，全國人大通過了《中華人民共和國野生動物保護法》，旨在保護野生動物，拯救珍貴、瀕危野生動物，維護生物多樣性和生態平衡。

目前，中國已建立各級各類自然保護地近萬處，約佔陸域國土面積的 18%。近年來，中國積極推動建立以國家公園為主體、自然保護區為基礎、各類自然公園為補充的自然保護地體系，為保護棲息地、改善生態環境質量和維護國家生態安全奠定基礎。2015 年以來，先後啟動三江源等 10 處國家公園體制試點，整合相關自然保護地劃入國家公園範圍，實行統一管理、整體保護和系統修復。通過構建科學合理的自然保護地體系，90% 的陸地生態系統類型和 71% 的國家重點保護野生動植物物種得到有效保護。具體來講，中國在保護珍惜瀕危動物方面取得了如下四個方面的成就：

一是在遏制重點保護動物的瀕危狀況方面取得了較大進展。多年來，中國採取嚴格措施，加強野生動植物保護。2016 年、2022 年兩次修訂野生動物保護法。依法全面禁止野生動植物非法交易，堅決革除濫食野生動物陋習，全面停止象牙、犀牛角、虎骨及其製品貿易。加強分級分類管理保護，調整發佈國家重點

保護野生動物名錄和野生植物名錄。組織編制國家植物園體系規劃，在北京、廣州分別設立國家植物園、華南國家植物園。組織開展「清風」等專項行動，合作打擊野生動植物非法貿易。認真做好瀕危野生動植物種國際貿易公約履約工作。擬制野豬等野生動物致害防控工作方案，「野生動物毀損」責任納入了中央財政農業保險保費補貼範圍。發佈第二次全國重點保護野生植物資源調查成果。開展野豬等野生動物致害防控，科學引導和處置雲南亞洲象羣北上南歸，成功救助和放歸黑龍江進村野生東北虎。大熊貓、海南長臂猿、穿山甲、綠孔雀、朱鹮及蘇鐵、木蘭科植物等300餘種珍稀瀕危野生動植物種羣得到恢復性增長。其中，大熊貓野外種羣數量40年間從1114隻增加到1864隻，亞洲象野外種羣數量從上世紀80年代的180頭增加到目前的300頭左右，海南長臂猿野外種羣數量從40年前的僅存兩羣不足10隻增長到五羣35隻。朱鹮由1981年發現時的7隻發展到現如今的9000多隻。朱鹮大約誕生於6000萬年前的恐龍滅絕時期，歷史上的朱鹮是常見的水鳥，曾廣泛分佈於中國東部沿海、東北和中部的黃河及長江流域、日本、朝鮮和俄羅斯遠東地區。唐代詩人張籍有詩云：「翩翩兮朱鷺，來泛春塘栖綠樹。羽毛如翦色如染，遠飛欲下雙翅斂。」20世紀以來，隨着工業化的大規模發展，適合朱鹮栖息的濕地和林地逐漸縮小，再加上人為獵殺等原因，野生朱鹮種羣數量迅速下降，一度在日本、俄羅斯和朝鮮半島境內宣告滅絕。1981年，中國中科院的鳥類專家們在歷時三年的尋找之後，終於在陝西洋縣發現了七隻野生朱鹮。中國為此在陝西建立了漢中朱鹮國家級自然保護區，使得朱鹮的種羣數量不斷得到發展。

【案例】

由「瀕危」降為「易危」的國寶大熊貓

大熊貓是中國的特有物種、明星物種，是中國的「國寶」，也是世界動物保護旗艦物種。20 世紀 60 年代初期，中國政府在有大熊貓分佈的四川、陝西、甘肅建立了首批大熊貓自然保護區，開啟了中國大熊貓栖息地保護的征程。

1980 年，為拯救這一瀕危物種，中國政府與世界自然基金會合作成立了熊貓中心，從早期 6 隻被救護的野生大熊貓開始，探索野生種羣動態研究、飼養繁育、疾病防控。經過不斷的努力和探索，終於成功解決了大熊貓人工繁育三大難關——大熊貓發情難、配種受孕難和育幼存活難的問題。1987 年，中國建立了成都大熊貓繁育研究基地。此後，全國圈養大熊貓出生率不斷提升，圈養種羣數量不斷增多。截至 2022 年 11 月，中國圈養大熊貓種羣數量有 670 餘隻，創造了世界最大、遺傳結構良好的人工圈養種羣。

在野外大熊貓保護方面，中國先後建立了 67 個大熊貓自然保護區，通過實施天然林保護工程、退耕還林還草工程、野生動植物保護工程等重點生態工程；建立生態廊道和生態隔離帶，連接和整合分散的大熊貓栖息地，促進大熊貓種羣之間的交流和基因流動；加強對自然保護區內外的森林資源、竹林資源、水源涵養地等的監測和管理，防止非法採伐、放牧、開墾等活動對大熊貓栖息地造成損害；加大對自然保護區周邊社區的扶貧開發力度，提高當地居民的生態意

識和環境保護意識，引導他們參與和支持大熊貓栖息地保護等一系列措施，加強野外大熊貓種羣恢復。截至 2021 年，大熊貓受威脅程度等級已由瀕危降為易危，中國大熊貓保護工作取得明顯成效。

二是在瀕危動物保護的社會科普教育開展上取得了質的飛躍。如中國自 1981 年至今連續開展「愛鳥週」活動，號召保護鳥類，維護自然生態平衡，每年各個省、市、自治區均結合所在地區鳥類的情況制定相應的「愛鳥週」活動主題，開展豐富多彩的「愛鳥週」活動。通過「愛鳥週」科普宣傳活動，越來越多的公眾參與鳥類保護當中，成為生態建設和野生動植物保護的重要力量。「愛鳥週」已經成為保護野生動物的一個品牌活動在全國廣泛開展，成為人們親近自然、了解自然，促進人與自然和諧不可缺少的生態文化活動。多年來，中國持續加大鳥類保護力度，各級政府和有關主管部門也堅持開展監督檢查、排查保護盲區、落實保護執法責任、實施打擊行動等一系列保護監管措施，鳥類資源得到不斷恢復和發展，野生動物保護工作取得了顯著成效，有力地支持了生態文明建設。今年國家「愛鳥週」的宣傳主題是「保護候鳥遷徙通道，推進生態文明建設」，陝西省的宣傳活動主題是「保護鳥類環境，建設深綠陝西」，在活動當天，陝西省林業部門還開展了朱鵬野化放飛活動，進一步擴大朱鵬野外種羣。這些活動的開展極大地調動了中國民眾在保護珍稀瀕危動物上的自覺，已經在全社會形成了尊重自然、愛護自然、敬畏自然的良好風氣。

三是在野生動物開發與利用中逐步實現了對傳統發展方式的

變革。中國對野生動物的開發利用存在着中國的特殊國情，如中國對於某些中藥的採集就來自野生動物。但隨着近些年來科研水平的提高，中國已逐步找到了野生動物資源的替代品。1987年，國務院就頒佈了《野生藥材資源保護管理條例》，主張保護和合理利用野生藥材資源，適應人民醫療保健事業的需要，該條例規定禁止採獵國家重點保護的一級保護野生藥材物種（如虎骨、羚羊角等），並對二級、三級保護野生藥材物種的採獵規定了嚴格的限制。中國目前在尋找珍稀瀕危動物藥物替代策略上存在幾種方式，包括實現野生藥用動物馴化養殖替代，採用人工馴化養殖梅花鹿獲取鹿茸，又如明確功效物質基礎，採取藥效成分組合替代的方式，中國對於人工牛黃的研製就實現了對天然牛黃的替代。

四是劃定並嚴守生態保護紅線。生態保護紅線是中國國土空間規劃和生態環境體制機制改革的重要制度創新。中國創新生態空間保護模式，將具有生物多樣性維護等生態功能極重要區域和生態極脆弱區域劃入生態保護紅線，進行嚴格保護。初步劃定的生態保護紅線，集中分佈於青藏高原、天山山脈、內蒙古高原、大小興安嶺、秦嶺、南嶺，以及黃河流域、長江流域、海岸帶等重要生態安全屏障和區域。生態保護紅線涵蓋森林、草原、荒漠、濕地、紅樹林、珊瑚礁及海草牀等重要生態系統，覆蓋全國生物多樣性分佈的關鍵區域，保護絕大多數珍稀瀕危物種及其棲息地。中國「劃定生態保護紅線，減緩和適應氣候變化」行動倡議，入選聯合國「基於自然的解決方案」全球15個精品案例。

五是加強瀕危動物保護的國際合作。中國陸續加入了《生物多樣性公約》《瀕危野生動植物種國際貿易公約》《關於特別是作為水禽棲息地的國際重要濕地公約》等重要國際公約，與美國等

十餘個國家簽署了有關野生動物保護合作方面的協議，加入了世界自然保護聯盟等國際組織。2021 年 10 月，《生物多樣性公約》締約方大會第十五次會議（COP15）第一階段會議在中國昆明召開，大會以「生態文明：共建地球生命共同體」為主題，旨在倡導推進全球生態文明建設，強調人與自然是生命共同體，強調尊重自然、順應自然和保護自然，努力達成公約提出的到 2050 年實現生物多樣性可持續利用和惠益分享，實現「人與自然和諧共生」的美好願景。這次大會通過了《昆明宣言》，該宣言承諾加快並加強制定、更新本國生物多樣性保護戰略與行動計劃；優化和建立有效的保護地體系；積極完善全球環境法律框架；增加為發展中國家提供實施「2020 年後全球生物多樣性框架」所需的資金、技術和能力建設支持；進一步加強與《聯合國氣候變化框架公約》等現有多邊環境協定的合作與協調行動，以推動陸地、淡水和海洋生物多樣性的保護和恢復。

【案例】

地球上唯一存活的野馬 —— 普氏野馬

普氏野馬，全稱為普爾熱瓦斯基氏野馬，原產於蒙古國西部科布多盆地和中國新疆準噶爾盆地東部北塔山及甘肅與蒙古國交界的馬鬃山一帶的乾旱荒漠草原地帶，因此也被稱作蒙古野馬或準噶爾野馬。現存的普氏野馬是地球上唯一存活的野馬，具有 6000 萬年演化史的普氏野馬被譽為馬科動物的「活化石」，是物種和生態演化的見證，是研究家馬起源

和品系人工選育不可或缺的基因材料，也是保存馬類動物遺傳多樣性及用於家馬形狀改良和育種的珍貴物種。

1879 年，俄國探險家普熱瓦爾斯基首次在野外發現該物種，隨後普熱瓦爾斯基率領探險隊先後 3 次進入中國準葛爾盆地一帶捕獲、採集普氏野馬標本，1881 年，俄國學者波利亞科夫正式將該物種定名為「普氏野馬」。1890 年德國探險家格里格爾從中國準噶爾盆地捕捉到 52 匹野馬幼駒，經過長途跋涉，運往德國漢堡後，其中 13 匹成功地繁殖了後代。當今存活在世界各地的野馬均是格里格爾從準噶爾盆地捕捉到的野馬的後裔。1967 年，人類最後一次在野外觀測到普氏野馬的野生種羣，1969 年，最後一次觀測到普氏野馬的野生個體。到 1985 年，分佈於美國和英國等地的普氏野馬僅存 700 餘頭，且都是處於圈養和欄養狀態。由於長時間處於與大自然隔絕的人為圈養環境，野馬在野生狀態下原有的許多優良基因不斷退化，各種疾病增多，導致了普氏野馬在地球上完全滅絕的風險。

1985 年在原國家林業部的主持下開始實施「野馬返鄉」計劃，從歐美重新引進野馬，落戶新疆和甘肅，以期恢復普氏野馬的野生習性，拯救和保護處於極度瀕危狀態的普氏野馬。1986 年，經原國家林業部和新疆維吾爾自治區批准建立了新疆野馬繁殖研究中心，該中心位於新疆昌吉回族自治州吉木薩爾縣境內，旨在通過人工飼養繁殖、野化實驗、放養等手段，重建普氏野馬種羣，讓野馬重回大自然。經過三十多年的實踐，新疆野馬中心已經成為世界最大的野馬繁殖基

地，野馬重引入工程取得了令世界矚目的成就，提升了中國在保護野生動物方面的國際聲譽和國際影響。

二、中國控制外來入侵生物取得積極進展

隨着全球經濟一體化和貿易自由化的不斷進展，國際社會交往和國際貿易與日俱增，企業可以開展更為便捷的交易，旅行者可以周遊更多國家，各國居民的食譜更加豐富，但與此同時，生物入侵的風險也隨着國際貿易、全球旅行等的增加在快速增大。生物入侵指的是一種外地物種侵入一定地域，導致侵入地原有的生物平衡受到嚴重影響和破壞。在一個原有的和諧的生態系統中，各種生物按照食物鏈的自然法則進行生存。但如果外來物種入侵該地，該地不存在該生物的捕食者或寄生性天敵的話，該入侵物種處於良好的生長環境之中，就會大量繁殖和擴張，進而成為優勢物種，與其他物種爭奪食物、光照和生存空間等，從而對本地物種的生存造成嚴重的威脅。外來入侵生物則是指出現在其過去和現在的自然分佈範圍以外的，在本地的自然或半自然生態系統中形成強大的自我再生能力，給本地生物多樣性、生態系統、農林牧漁業生產及人類健康造成明顯損害和影響的物種。其往往具有生態適應能力強、繁殖能力強和傳播能力強的特點。控制外來入侵生物是指對引起境內植物、動物、生態破壞的外來生物的預警、國境預防、早期監測、清除、控制與恢復等一系列措施，這些措施不僅關係到經濟和社會發展，更影響人類健康、農業潛力、生態系統平衡和生物多樣性。

外來入侵生物入侵某國的途徑是多種多樣的，一般可以將外來入侵生物的入侵途徑分為盲目引進、無意帶入和自然入侵三種。盲目引進指的是人們原本為了一定的經濟效益、環境效益或觀賞效益引進某些物種，但由於缺乏充分的論證和調查研究，沒有意識到該物種可能導致的不良後果，結果導致該物種發展成嚴重的生物入侵。如中國的福建等東南沿海省份曾為了保護海灘免受海水侵蝕而引進了原產歐洲的物種大米草，雖然大米草在促淤、保灘和護堤方面有一定作用，但卻造成了很多沿海灘植物的銳減，甚至是瀕危，由此還引發了海洋中原有的魚蝦和貝類的銳減。無意帶入則分為幾種不同的情況，如隨人類的交通工具帶入，曾在新疆地區氾濫的褐家鼠和黃胸鼠就是通過鐵路系統傳入中國的。還有隨跨國農產品等貨物中帶入，如假高粱就是夾雜在進口糧食中從而傳入中國的。還有的入侵生物是通過跨國旅行者帶入，如中國海關多次從入境人員隨身攜帶的水果中檢測出地中海實蠅和橘小實蠅等入侵生物。自然入侵指的是由於風力和動物攜帶等原因引起的入侵，這種入侵主要發生在鄰國或相鄰地域之間。雖然自然入侵表面上看起來具有偶然性，不是由人為因素引起的，但其實多少也和人類活動有關。正是因為入侵地存在一定的生態空位，才導致了其有足夠的可入侵性，而這些生態空位往往是由於人類造成的環境污染和生態破壞所引起的。如紫莖澤蘭是從中緬、中越邊境擴散進入中國的，而稻水象甲則可能是藉助氣流飛到中國的。此外，有的入侵生物並不是只通過一種途徑傳入的，很可能是通過兩種或多種途徑傳入，在時間上也可能是兩次或多次傳入，而這種多途徑和多次數的傳播特點也導致了入侵生物擴散快、危害大的特點。

外來入侵物種對於侵入地的生態系統和經濟社會發展有着巨大的危害，具體來講，一方面，入侵生物對於入侵地的生物多樣性有着破壞性的影響，大體可以歸納為幾個方面：一是入侵生物迅速成為優勢物種。入侵生物由於缺乏天敵等原因而生長和繁殖迅速，成為一地的優勢物種，打破了入侵地原有的生態平衡。入侵生物可以通過寄生、捕食等方式直接危害本地物種，也可以通過間接的方式與本地物種競爭光照、水分，進而對生物多樣性造成破壞。如原來生長在美洲的微甘菊是一種喜光的藤類植物，引入廣州後，由於其很適應廣州的環境而迅速蔓延開來，其可以攀爬到數米高的樹木上，細密的葉子將陽光遮住，導致下層的灌木因為缺少光照而死。又如紫莖澤蘭，其生存力和繁殖力極強，入侵中國南方省份後便開始大規模生長，紫莖澤蘭入侵農田、林地後，與農作物和牧草爭奪光照、水和空間，同時其還會分泌具有抑制生長作用的物質，導致周圍植物生長緩慢，造成農作物減產和林地的破壞。又如草地貪夜蛾於 2019 年初入侵中國，2021 年已在全國 27 個省 1426 個縣有發生，實查發生面積 2075 萬畝，主要為害玉米、小麥等作物，如不防治或防治不及時，產量損失在 20%—30%，嚴重危害時可達 50% 以上；二是通過對生存環境的影響，間接的破壞生物多樣性。如外來的食草性動物繁殖過快的話，不僅會和其他本地生物搶食山上的青草，還造成了山體滑坡和水土流失的風險或頻率增大，進而破壞了當地原有的生態系統。而外來雜草的擴張和蔓延，則會造成當地火災風險的加大，導致對本地動植物的不可逆的惡劣影響。

二是入侵生物對生物遺傳多樣性有着巨大的危害。遺傳多樣性蘊藏在動植物和微生物個體的基因裏，是所有遺傳信息的總

和。大自然中每一個物種包括由若干個體組成的不同種羣，每個種羣間由於基因突變或自然選擇等原因，在遺傳上會有所不同。不僅同一物種的不同種羣之間的遺傳特徵不同，同一物種的同一種羣之間也具有遺傳多樣性。遺傳多樣性提供了動植物培育的育種材料，使我們能夠選育和提煉攜帶更適合我們需求的性狀的個體或種羣。但外來物種的入侵對於入侵地的一大危害就是污染當地生物的遺傳多樣性，且這一影響不易被察覺。入侵生物在入侵地繁育後會與本地物種的基因混合，而這一混合會導致當地物種的遺傳基因被侵蝕，這就容易導致外來物種會在遺傳上湮沒當地種羣，並最終消滅許多當地的本土基因類型。以大花金雞菊為例，這一植物原產地是美洲，因開花美麗而被作為觀賞植物引進到國內。雖然其觀賞性受到了國人喜愛，但其以有性生殖為主要生殖方式，其大肆繁衍造成了本地原有金雞菊基因的喪失。

三是對入侵生物對人類的健康容易造成危害。在人類的歷史長河中層發生過多起因物種入侵導致的對人類健康導致危害的事件，早在公元 5 世紀，鼠疫從非洲侵入中東，然後傳播進入歐洲，由此造成了無數人的死亡，給人類帶來了毀滅性的災難。而瘧疾則是由案蚊傳播的瘧原蟲而引發的疾病，上世紀 30 年代，案蚊從非洲大陸的西部傳入南美洲巴西的東北部地區，在此疾病傳入的當年，在僅有 1.2 萬人口左右的地區就有 1000 餘人感染瘧疾，給當地人們的健康造成了嚴重的影響。在上世紀 40 年代，瘧疾從蘇丹傳入埃及北部的尼羅河河谷地區，大約 13 萬人因此而喪生。

四是入侵生物容易給人類造成巨大的經濟損失。入侵生物對人類造成經濟損失的原因包括國家的收入減少、防控費用上升以

及由於生物多樣性遭到破壞和人們休閒活動受到阻礙而導致的生態旅遊價值的降低等。聯合國環境規劃署公佈的一項調查以東非高原的維多利亞湖為例考察了入侵生物多人類造成的經濟損失問題。維多利亞湖是世界第二大淡水湖，大部分在坦桑尼亞和烏干達兩國境內，一小部分屬於肯尼亞，湖中物種豐富，盛產魚類，是非洲大陸重要的生態資源寶庫。尼羅河鱸魚在上世紀五六十年代被作為經濟作物引入維多利亞湖，由於尼羅河鱸是屬於大型肉食性魚類，在維多利亞湖裏沒有天敵的威脅，加上強大的繁殖能力，很快在維多利亞湖形成了龐大的種羣。自從引進尼羅河鱸後，維多利亞湖的生態環境就逐漸開始惡化，湖中的很多土著魚類逐漸消失殆盡，嚴重影響了當地的漁業產值。世界自然保護聯盟的有關報告指出，生物入侵每年給世界各國造成的經濟損失高達 4000 億美元左右，給英國、美國、澳大利亞、南非、印度和巴西這六個國家帶來的損失和防控費用每年合計超過 3100 多億美元，僅美國一國的費用就超過 1300 多億美元。

中國幅員遼闊，物種眾多，根據生態環境部發佈的《2021 年中國生態環境狀況公報》顯示，中國已知物種及種下單元數為 127950 種，其中動物界有 56000 種，植物界有 38394 種。為了搞清楚中國到底存在多少入侵生物，自 2001 年開始，中國首次在全國範圍內開展了大規模的外來入侵物種調查工作，調查的範圍涵蓋了陸生生物、水生生物和海洋生物三大系統，包括國家海洋局、中國農業科學院和中國科學院在內的多家科研院所參加了此次調查。通過這次調查，查明中國存在外來入侵物種達 283 種，其中數量最多的是陸生植物，達 170 種。《2020 年中國生態環境狀況公報》中指出目前全國已發現 660 餘種外來入侵物種，中國還

分別在 2003 年、2010 年、2014 年和 2016 年分四批發佈了《中國外來入侵物種名單》，共計 71 個物種，這 71 個外來入侵物種對我的自然生態系統已造成影響或具有潛在威脅。

中國外來入侵物種的現狀存在着入侵涉及範圍廣泛、入侵物種類型多樣、入侵上升幅度快、入侵後果嚴重的特點。在入侵涉及範圍廣泛方面，中國擁有跨五個自然帶的廣闊土地，據有關部門的統計，現在中國所有的省級區域都發現了外來物種入侵的狀況，也就是說無論是東部沿海地區亦或是西部高寒地區，外來物種入侵可謂是無孔不入；在入侵物種類型多樣方面，中國的入侵物種種類繁多，基本囊括了所有的類型。爬行類動物如巴西龜，兩棲類動物有海蟾蜍，魚類有食人魚，植物有豚草、水葫蘆等，微生物則有甘薯長喙殼菌。這些外來物種相較於本地物種有着繁殖和蔓延迅速的特點，且外來入侵生物的種類在逐年增多；在入侵上升幅度快方面，2003 年中國首次開展的全國性入侵生物普查中查明的入侵生物有 283 種，而《2020 年中國生態環境狀況公報》中指出目前全國已發現的外來入侵物種已經高達 660 餘種，短短十幾年的時間入侵中國的物種增長迅速，上升幅度很快，必須引起我們足夠的重視；在入侵後果嚴重方面，外來入侵生物對中國造成的危害性後果呈現上升的趨勢，以原產於北美的美國白蛾為例，美國白蛾在上世紀七八十年代侵入中國，美國白蛾主要以幼蟲取食植物葉片危害植物。其取食量大，危害嚴重時能將寄主植物葉片全部吃光，並啃食樹皮，從而削弱了樹木的抗害、抗逆能力，嚴重影響林木生長。氾濫成災時會侵入農田，危害農作物，造成減產減收，甚至絕產，被稱為「無煙的火災」。1981 年，國家專門下達了相關文件，對美國白蛾提出了「嚴密封鎖，就地撲

滅」的指示，1999 年國家又啟動了「京津冀美國白蛾治理工程」，為此投入了大量的人力物力。

中國高度重視外來入侵生物的防控工作。中共二十大報告中明確指出「加強生物安全管理，防治外來物種侵害」，2021 年 4 月，《中華人民共和國生物安全法》正式施行，旨在維護國家安全，防範和應對生物安全風險，保障人民生命健康，保護生物資源和生態環境，促進生物技術健康發展，推動構建人類命運共同體，實現人與自然和諧共生。

2022 年 10 月，中共中央辦公廳和國務院辦公廳印發的《關於進一步加強生物多樣性保護的意見》也明確提出要提升外來入侵物種防控管理水平，開展外來入侵物種普查。2021 年，農業農村部等七部委聯合發佈了《關於印發外來入侵物種普查總體方案的通知》，該通知明確要求由農業農村部牽頭，以中國初步掌握的外來入侵物種為基礎，在農田、漁業水域、森林、草原、濕地等各區域，啟動外來入侵物種普查，利用三年（2021—2023 年）左右的時間，全面摸清中國外來入侵物種的種類數量、分佈範圍和危害程度等情況。普查結果運用將分為多個方面：一是明確中國外來入侵物種的底數，分佈範圍和危害程度，為後續開展外來入侵物種常態化監測和治理打下基礎。二是形成中國外來入侵物種種質資源庫和信息共享平台，為進一步完善中國外來入侵物種風險監測預警體系、國家應急管理體系、生物安全保障體系及協調指揮體系做好鋪墊。三是依據普查掌握的本地數據，形成中國外來入侵物種擴散、危害風險報告，明確入侵物種的擴散蔓延趨勢和危害發生趨勢。四是依據擴散危害風險和程度的高低，遴選一

批重點外來入侵物種，按照「一種一策」的防控策略，提出具體防控措施及行動規劃。

【案例】

內蒙古的外來入侵生物

內蒙古地理區位特殊、地域面積廣袤、生態系統多樣，生態環境脆弱，極易受到外來物種的入侵和擴散危害。目前內蒙古的外來入侵生物有 51 種，列入《中華人民共和國進出境植物檢疫性有害生物名錄》的有 17 種，其中小家鼠、鳳眼蓮這兩種被列入世界自然保護聯盟的「全球 100 種最具破壞力入侵生物名單」。

外來入侵生物對內蒙古地區造成的影響是多方面的。一是外來入侵生物對內蒙古的農林牧業造成了較為嚴重的危害。如近年來楊幹象在通遼市的四個旗瘋狂蔓延，特別是在科爾沁左翼中旗造成受災面積達 1300 公頃，嚴重地區的地塊被害株率高達 100%，部分地區的防護林也因此遭到破壞。黃花刺茄對赤峰市巴林右旗大面積危害，導致畜牧業受損嚴重，每年旗政府籌措大量資金，投入大批人力和物力對其進行防除；棉花黃萎病菌能侵染多種農作物引起黃萎病；大豆疫黴病菌可在大豆的所有生育期侵染大豆，傳播與蔓延迅速，寄主成片死亡。二是對內蒙古的生態環境造成了較為嚴重的破壞。由於入侵物種生存能力較強，繁殖速度較快，因此容易形成優勢種群，壓制和排擠本地物種。

三、中國自然保護區建設事業的誕生與發展

自然保護區的定義分為廣義和狹義兩種，狹義上的自然保護區指的是以保護某種特殊生態系統並進行科學研究和實驗為主要目的而劃定的保護區；廣義上的自然保護區指的是受國家法律特殊保護的各種自然區域的總稱，包括國家公園、風景名勝區、自然遺跡等諸多形式。自然保護區對於保護、恢復、發展和合理利用自然資源，保存自然歷史遺跡以及促進文化、教育等事業有着重要意義。

中國的自然保護區建設事業是伴隨着建國之初對自然資源保護管理的迫切需求而發展起來的。1956 年 9 月，秉志和錢崇澍等中國動植物學界的科學家向第一屆全國人民代表大會第三次會議提出了《請政府在全國各省（區）劃定天然林禁伐區，保護自然植被以供科學研究的需要》的提案，諸位科學家在提案中呼籲「急應在各省（區）劃定若干自然保護區（禁伐區），為國家保存自然景觀，不僅為科學研究提供據點，而且為中國極其豐富的動植物種類的保護、繁殖及擴大利用創立有利條件，同時對愛國主義的教育將起着積極作用」。同年 10 月，原國家林業部牽頭制定了《關於天然森林禁伐區（自然保護區）劃定草案》，該草案明確指出：「有必要根據森林、草原分佈的地帶性，在各地天然林和草原內劃定禁伐區（自然保護區），以保存各地帶自然動植物的原生狀態」，並明確了自然保護區的劃定對象、辦法和重點地區。也正是在 1956 年，中國第一個自然保護區 —— 廣東鼎湖山國家級自然保護區設立，自此，中國正式開始了自然保護區建設事業。

改革開放以來，中國的自然保護區建設事業得到了進一步發

展。1985 年 7 月，原林業部發佈了由國務院批准的《森林和野生動物類型自然保護區管理辦法》，這是中國在自然保護區建立和管理方面的第一部法規，為規範建立自然保護區體系提供了重要的法律依據。1988 年 11 月，全國人大通過了《中華人民共和國野生動物保護法》和《關於捕殺國家重點保護和珍貴、瀕危野生動物犯罪的補充規定》，明確規定在國家和地方重點保護野生動物的主要生息繁衍的地區劃定自然保護區。1989 年 1 月，原林業部和農業部第 1 號令發佈了經國務院批准的《國家重點保護野生動物名錄》。1993 年，中國成為《生物多樣性公約》和《國際重要濕地公約》締約國之一。1994 年 10 月，國務院正式發佈了《中華人民共和國自然保護區條例》，旨在加強自然保護區的建設和管理，保護自然環境和自然資源，這是中國第一部關於自然保護區的專門法規。自此，中國自然保護區建設事業步入了有法可依、有章可循和與國際接軌的穩步發展軌道。

　　進入新時代以來，中國黨和政府高度重視自然保護區建設事業，自然保護區建設取得了快速地發展。2013 年 11 月，中共十八屆三中全會通過的《中共中央關於全面深化改革若干重大問題的決定》中明確提出要「建立國家公園體制」，這標誌着構建以國家公園為主體的自然保護地體系成為中國自然保護的重要工作內容。2017 年 2 月，中共中央辦公廳、國務院辦公廳印發《關於劃定並嚴守生態保護紅線的若干意見》，明確了生態保護紅線工作總體要求和具體安排，生態保護紅線由生態保護的理念轉變到國家意志主導下的劃定實踐。2018 年，新一輪國務院機構改革中組建了國家林業和草原局，加掛國家公園管理局牌子，國家公園管理局負責管理以國家公園為主體的自然保護地體系。2019 年 6

月，中共中央辦公廳、國務院辦公廳印發了《關於建立以國家公園為主體的自然保護地體系的指導意見》（簡稱《指導意見》），提出要按照「山水林田湖草」是一個生命共同體的理念，創新自然保護地管理體制機制，實施自然保護地統一設置、分級管理、分類保護、分區管控，形成以國家公園為主體、自然保護區為基礎、各類自然公園為補充的自然保護地體系。

　　為加強生物多樣性保護，中國正加快構建以國家公園為主體的自然保護地體系，逐步把自然生態系統最重要、自然景觀最獨特、自然遺產最精華、生物多樣性最富集的區域納入國家公園體系。據國務院新聞辦公室於 2023 年 1 月發佈的《新時代的中國綠色發展》白皮書介紹，中國初步建立了以國家公園為主體、自然保護區為基礎、各類自然公園為補充的新型自然保護地體系，正式設立三江源、大熊貓、東北虎豹、海南熱帶雨林、武夷山首批 5 個國家公園，積極穩妥有序推進生態重要區域國家公園創建。截至 2021 年底，中國已建立各級各類自然保護地近萬處。

　　以湛江紅樹林國家級自然保護區的建設為例，1990 年，廣東省政府批准成立湛江紅樹林省級自然保護區，1997 年，經國務院批准升級為廣東湛江紅樹林國家級自然保護區，地處廣東省西南部的湛江市，跨徐聞縣、雷州市、遂溪縣、廉江市、麻章區、坡頭區、開發區和霞山區等 8 縣（市、區），保護範圍涵蓋雷州半島海岸的主要紅樹林濕地，保護對象為紅樹林濕地生態系統及其生物多樣性、典型的海岸自然景觀等，是中國紅樹林面積最大、分佈最集中的自然保護區。2023 年 4 月，習近平來到湛江紅樹林國家級自然保護區的金牛島紅樹林片區，習近平強調，這片紅樹林是「國寶」，要像愛護眼睛一樣守護好。加強海洋生態文明建

設，是生態文明建設的重要組成部分。要堅持綠色發展，一代接着一代幹，久久為功，建設美麗中國，為保護好地球村作出中國貢獻。紅樹林濕地早在 2002 年被確定為國際重要濕地，是中國南方濕地資源的精華，在淨化海水、調節氣候、保護海岸、防災減災、保護生物多樣性、應對全球氣候變化，維護國土生態安全等方面發揮着十分重要的作用。

四、加快推進國家植物園體系建設

植物園的建設起源於歐洲，是博物學發展的產物，1543 年，著名植物學家盧卡‧吉尼創辦了全球第一個植物園 —— 意大利比薩大學植物園。根據國際植物園保護聯盟的定義，植物園指的是以保護珍惜植物為重點，遵守國際政策以及可持續的道德倡議，擁有植物收集區，並對植物開展科學研究、保護、展示和教育的機構。

中國植物園的發展可謂源遠流長，中國古代皇家園囿中豐富的植物景觀是植物園的原始雛形，不僅反映出中國疆域幅員遼闊、植物資源豐富的特徵，也滿足了古代帝王的獵奇心理。如漢代的上林苑就引種了各地進貢的珍稀樹木花卉多達 3000 多種，部分植物在經過培育馴化後已經成為今日關中地區的重要鄉土植物。漢代著名文學家、辭賦家司馬相如創作的《上林賦》中就稱讚上林苑「離靡廣衍，應風披靡，吐芳揚烈，鬱鬱菲菲，眾香發越」。而之後唐代的禁苑、明代的南苑、清代的避暑山莊、圓明園等大型皇家園林也同樣承擔着收集和培育多品種植物的功能，

如清代的康熙皇帝曾評價避暑山莊:「近都愛此清涼地,逢草蓬花莫不香。」這些皇家園林不僅是古代帝王消遣取樂的場所,還是國家非正式的外交場所,古代帝王在這些皇家園林接待外域使節時,皇家園林同樣承擔着展示國家文明程度和物產豐富程度的重要功能,這同現代國家植物園的功能有着異曲同工之妙。

1929 年,中國建立了第一個國立植物園 —— 南京中山植物園,隨後逐步建立了廬山植物園等,1950 年,曾在英國皇家植物園丘園擔任客座研究員的著名植物學家俞德浚先生放棄國外的優厚聘約,毅然回到成立不久的新中國,俞德浚先生主張為了深入研究和開發利用植物資源,北京應當建立一處既有美麗風景又有深厚研究基礎的現代化植物園。1956 年,國務院批覆設立北京植物園,俞德浚先生任北京植物園主任,由中國科學院植物研究所和北京市園林局共同管理。截止到如今,中國約有 200 個左右的植物園,植物園數量位居全球第二位。

論及國家植物園,目前世界上知名的國家植物園包括英國的皇家植物園丘園、新加坡國家植物園、澳大利亞堪培拉國家植物園和美國國家植物園,在管理體制上,這些國家植物園多由國家設立,由所屬國家的農林部門或國家公園管理局負責管理;在首要任務上,這些國家植物園都將扎實進行物種收集和培育工作列為其首要任務,專注開展園區的生物多樣性保護;在具體組織上,這些國家植物園都擁有龐大的植物類羣系統和頂尖的植物學科研團隊,這為國家植物園的發展提供了源動力,也保持了國家植物園在植物學前沿科學研究方面的驅動力;在作用意義上,上述國家植物園通過科學且新穎的植物展陳體系和完善的科普教育體系產生了重要的社會效益。同時,在植物學方面表徵了國家文

明，具有強烈的國家代表性，在其所在國家乃至全世界的生態保護、植物資源保存等方面發揮了重要的作用。以英國皇家植物園丘園為例，其已經不僅僅是英國植物學研究的代表，更是全球植物學研究和植物園建設的領頭羊。

建設國家植物園是中國幾代植物學人的夙願。除去上述俞德浚先生的奔走呼籲外，進入 21 世紀以來，多位院士專家又再次呼籲提出設立國家植物園。2021 年 10 月，中國在《生物多樣性公約》第十五次締約方大會領導人峰會上宣佈將本着統籌就地保護與遷地保護相結合的原則，啟動北京、廣州等國家植物園體系建設。2022 年 1 月，國務院正式批覆同意在北京設立國家植物園，北京國家植物園由國家林草局、住房和城鄉建設部、中科院、北京市政府合作共建。2022 年 6 月，國務院批覆在廣州市設立華南國家植物園，由國家林草局、住房和城鄉建設部、中科院、廣東省和廣州市政府合作共建。從此，中國國家植物園建設的大幕徐徐拉開。國務院在批覆中指出中國國家植物園的建設應該堅持人與自然和諧共生，尊重自然、保護第一、惠益分享；堅持以植物遷地保護為重點，體現國家代表性和社會公益性；堅持對植物類群系統收集、完整保存、高水平研究、可持續利用，統籌發揮多種功能作用；堅持將植物知識和園林文化融合展示，講好中國植物故事，彰顯中華文化和生物多樣性魅力，強化自主創新，接軌國際標準，建設成中國特色、世界一流、萬物和諧的國家植物園。

以北京國家植物園為例，該植物園位於北京西山，包括南園（中國科學院植物研究所）和北園（北京市植物園）兩個園區，現開放面積約 300 公頃，收集植物 1.5 萬種。南北兩園各具特色，功能互補。南園建有裸子植物區、牡丹園、丁香園、薔薇科植物

區、本草園等 15 個特色專類園，擁有體現植物多樣性時空演化歷史的展覽溫室、康熙御碑等人文景觀和菩提樹等國禮植物；南園的中國科學院植物研究所是中國歷史最悠久的植物科學綜合研究機構，擁有國家重點實驗室 2 個、省部級重點實驗室 5 個，在近百年的發展歷程中，先後有 18 人當選中科院院士。北園具有湖光山色、古樹參天的優美景觀，建有桃花園、月季園、海棠園、牡丹園等 14 個專類園和中國北方最大的珍稀植物水杉保育區，建有面積達 9800 平方米的展覽溫室一座，分為熱帶雨林室、沙漠植物室、蘭花、鳳梨和食蟲植物室和四季花廳，是開展植物資源保護、研究和教育的基地，是全國科普教育基地和中國生物多樣性保護示範基地。

而華南國家植物園則立足華南地區，堅持以華南地區植物遷地保護為重點，建設成了中國南方重要的生態安全屏障和野生動植物種質基因庫。華南植物園在規劃建設和發展過程中，確立了「科學內涵、藝術外貌、文化底蘊」的建園理念和「山清水秀、鳥語花香、峰迴路轉」的嶺南園林建設目標。全園由三個園區組成。一是位於廣東省廣州市的科學研究園區，佔地 36.8 公頃，擁有植物科學、生態與環境科學、農業與生物技術三個研究中心，以及館藏標本 118 萬餘份的植物標本館、《熱帶亞熱帶植物學報》編輯部等支撐系統。二是緊鄰科學研究園區的植物遷地保護園區，佔地 282.5 公頃，建有展覽溫室羣景區、龍洞琪林景區、珍稀植物繁育中心，以及木蘭園、棕櫚園等 38 個專類園區，遷地保育植物 17502 種。三是位於廣東省肇慶市的鼎湖山國家級自然保護區暨樹木園，佔地面積約 1133 公頃，是中國第一個自然保護區，1980 年獲批成為中國首批聯合國教科文組織世界生物圈保護區，

共有高等植物 2291 種，其中就地保護的野生高等植物 1778 種、引種栽培植物 513 種，被譽為北回歸線上的綠色明珠。

中國在北京和廣州設立國家植物園的舉措標誌着中國國家植物園體系建設步入了新階段。國家植物園建設突出遷地保護功能，和以國家公園體系為支撐的就地保護形成優勢互補，共同構成中國生物多樣性保護的全覆蓋體系。同時，國家植物園還承擔着植物學前沿科學研究、資源儲備、科普傳播等重要功能，統籌發揮國家植物園的多方面功能，對於保護中國的生物多樣性，推進新時代生態文明建設具有重要的意義。

建設國家植物園對於推進瀕危植物遷地保護工作具有重要意義。國家植物園不是普通的植物園，更不是休閒公園，國家植物園的基礎性任務就是對瀕危植物進行引種和遷地保護，並建立種質資源庫等。首先，遷地保護重點針對的是瀕危植物。中國有高等植物達 3.6 萬餘種，是世界上植物多樣性資源最豐富的國家之一。但隨着經濟社會發展的進程加快，許多野生植物受到生存環境破壞、氣候變化、外來物種入羣和自身繁育受限等不良因素的影響，其野外生存受到了嚴重的威脅，甚至瀕臨絕跡。而國家植物園則可以將珍稀的或瀕臨滅絕的植物植株或種子採集帶回，進行人工栽植、繁育、研究，待條件成熟後再將它們回種到野外。如華南國家植物園實施遷地保護的植物超過 17000 餘種，在園內成功遷地保護的植物中，包括珍稀瀕危植物 640 餘種，國家重點野生保護植物 330 餘種，同時，華南國家植物園已經成功實現了杜鵑紅山茶、廣東含笑、繡球茜等 36 種華南珍稀瀕危植物的野外回歸。

建設國家植物園對於完善國家戰略植物資源儲備庫有着重要

意義。國家植物園不僅是瀕危植物的重要保護區，還是有力支撐國家植物保護和研究的戰略資源儲備庫。在這方面，國家植物園應着力實現中國植物多樣性的全覆蓋。如北京地區氣候適宜多種氣候帶植物生長，北京國家植物園計劃蒐集北溫帶地區代表性植物及珍稀植物 3 萬種以上，注重體現野生植物的地域代表性和物種的多樣性。同時，國家植物園也應着力建設植物種質資源庫，鑒於中國大豆、飼草等農產品仍大量依賴進口的情況，建設國家植物種質資源庫不僅可以保護生物多樣性，還是保障糧食安全的現實要求。因此，國家植物園的植物資源儲備庫不僅要涵蓋重要的瀕危植物，更要覆蓋在農業育種上有重要意義的種源，同時完善植物種源系統，實現與農業種源信息平台的互聯互通。

建設國家植物園對於推進中國經濟社會的高質量發展具有重要意義。對植物資源的保護和有效開發利用，不僅是一國綜合國力和植物學研究能力的提現，更將有助於推動經濟社會的高質量發展。一是有助於維護生物多樣性。植物尤其是野生植物守護着整個生態系統的健康與穩定，國家植物園的設立是按照就地保護、遷地保護、植物回歸相結合的綜合保護理念，在對瀕危植物開展遷地保護基礎上，通過繁殖和復壯使其有條件回歸原生境，以恢復和保持生態平衡。同時，國家植物園有助於加強對綠化樹種的選育和研究，為城市綠化樹種選擇和園藝搭配樹立樣板。二是有助於通過選育具有經濟價值的植物資源推動經濟的高質量發展。英國皇家植物園丘園對三葉橡膠的引種和研究，直接推動了近現代橡膠工業的興起和繁榮。國家植物園應在加強植物資源的收集和保護的基礎之上，發掘、選育具有更高附加值的經濟型植物並示範推廣，積極推動藥材、水果品種改良工作，園林花卉開

發等，助力特色種植業的發展。

　　中國已經踏上全面建設社會主義現代化國家的新征程，生態文明建設具備更多條件，同時，也面臨很多挑戰，生物多樣性保護任重而道遠。展望未來，中國將秉持人與自然生命共同體理念，把生物多樣性保護作為生態文明建設重要內容，持續推進生物多樣性治理體系和治理能力現代化，改善自然生態系統狀況，提升生態服務功能，提高生態產品供給能力，實現自然生態系統良性循環，不斷滿足人民日益增長的優美生態環境需求。

　　中國將始終做萬物和諧美麗家園的維護者、建設者和貢獻者，與國際社會攜手並進、共同努力，開啟更加公正合理、各盡所能的全球生物多樣性治理新進程，實現人與自然和諧共生美好願景，推動構建人類命運共同體，共同建設更加美好的世界。

第四章

深入打好污染
防治攻堅戰

一、戰略提出

　　打好污染防治攻堅戰這一重大戰略部署的提出，是由多種因素決定的。其中，不容樂觀的生態環境形勢，新時代社會主要矛盾的變化，經濟由高速度增長向高質量發展轉變的內在要求，是最為重要的決定性因素。從當前生態環境的實際狀況看，近十幾年來中國生態環境質量持續好轉，但成效並不穩固。生態文明建設正處於壓力疊加、負重前行的關鍵期，已進入提供更多優質生態產品以滿足人民日益增長的優美生態環境需要的攻堅期，也到了有條件有能力解決生態環境突出問題的窗口期，必須以最大的決心、最果敢的行動，深入打好污染防治攻堅戰。從新時代社會主要矛盾變化看，中國特色社會主義進入新時代，中國社會主要矛盾已經發生變化，人民群眾對優美生態環境的需要已經成為這一矛盾的重要方面，必須把生態文明建設作為重大政治問題和關係民生的重大社會問題，深入打好污染防治攻堅戰。從經濟由高速度增長向高質量發展轉變的內在要求看，資源、生態、環境約束是實現高質量發展、構建現代經濟體系需要爬過的最大坡坎，深入打好污染防治攻堅戰可以讓這些約束形成倒逼機制，釋放出

許多前所未有的發展機遇。

2012 年以來，中國以前所未有的力度抓生態文明建設，污染防治措施之實、力度之大、成效之顯著前所未有，生態環境明顯改善，厚植了全面建成小康社會的綠色底色和質量成色。經過十幾年持續不懈的努力，中國污染防治已經取得了舉世矚目的成就，圓滿完成污染防治攻堅戰階段性目標任務，在美麗中國建設邁出了重大步伐，生態環境保護發生歷史性、轉折性、全局性變化。

據 2023 年 1 月發佈的《新時代的中國綠色發展》白皮書介紹，中國的藍天、碧水、淨土保衛戰中取得了輝煌戰績：區域聯防聯控和重污染天氣應對成效顯著，全國地級及以上城市細顆粒物（PM2.5）年均濃度由 2015 年的 46 微克／立方米降至 2021 年的 30 微克／立方米，空氣質量優良天數比例達到 87.5%，成為全球大氣質量改善速度最快的國家。工業、農業、生活污染源和水生態系統整治加快推進，飲用水安全得到有效保障，污染嚴重水體和不達標水體顯著減少，2021 年全國地表水水質優良斷面比例達到 84.9%。全面禁止洋垃圾入境，實現固體廢物「零進口」目標，土壤環境風險得到基本管控。藍天白雲、繁星閃爍，清水綠岸、魚翔淺底，人們呼吸的空氣更清新、喝的水更乾淨、吃的食物更放心、生活的環境更優美，切實感受到生態環境變化帶來的幸福和美好。

成就有目共睹，形勢依然嚴峻。目前，中國生態文明建設仍處於關鍵期、攻堅期、窗口期，環境質量好轉的成效並不穩固，生態環境保護結構性、根源性、趨勢性壓力總體上尚未根本緩解，特別是重點區域、重點行業污染問題仍然突出，重污染天

氣、黑臭水體、垃圾圍城、農村環境污染等問題正成為影響百姓環境福祉、引發社會風險的重要方面，實現碳達峰碳中和任務艱巨，生態環境保護依然任重道遠。

為鞏固污染防治攻堅成果，以更高標準打好藍天、碧水、淨土保衛戰，繼 2018 年 6 月印發《關於全面加強生態環境保護堅決打好污染防治攻堅戰的意見》之後，2021 年 11 月 2 日中共中央國務院又印發了《關於深入打好污染防治攻堅戰的意見》（以下簡稱《意見》），對持續深入打好污染防治攻堅戰進一步作出全面部署與安排。

深入打好污染防治攻堅戰，是實現美麗中國建設目標的必然選擇是解決當前生態環境領域突出問題的迫切需要，也是推動高質量發展的有力抓手和推進生態環境治理體系和治理能力現代化的重要動力。落實《意見》的部署要求，就要堅持以實現減污降碳協同增效為總抓手。《意見》聚焦減污降碳協同效應明顯的重點行業和領域，堅持污染減排和生態擴容兩手發力，加快推動產業結構、能源結構、交通運輸結構、用地結構調整，嚴把「兩高」項目准入關口，加強生態環境分區管控，推進清潔生產和能源資源節約高效利用，加快形成綠色低碳生活方式，促進經濟社會發展全面綠色轉型。堅持以改善生態環境質量為核心。《意見》抓住好差兩頭、帶動整體，加大大氣、水、土壤污染防治攻堅力度，推進山水林田湖草沙一體化保護和修復，同步改善農村人居環境，努力推動生態環境質量實現從量變到質變的改善。進一步堅持問題導向、環保為民，把人民羣眾反映強烈的突出生態環境問題擺上重要議事日程，不斷加以解決，以生態環境保護實際成效取信於民。堅持以精準治污、科學治污、依法治污為工作方針。

在精準治污方面，要做到問題、時間、區域、對象、措施「五個精準」；在科學治污方面，要強化對環境問題成因機理及時空和內在演變規律研究，組織開展生態環境領域科技攻關和技術創新；在依法治污方面，要完善生態環境保護法律法規和適用規則，在法治軌道上推進生態環境治理。

從「堅決打好」到「深入打好」

實現生態環境根本好轉需要付出長期艱苦的努力。污染防治攻堅戰從「十三五」的「堅決打好」到「十四五」的「深入打好」，意味着污染防治攻堅戰觸及的矛盾和問題層次更深、領域更廣，要求也更高。《意見》在總結拓展「十三五」污染防治攻堅戰經驗做法的基礎上，根據「十四五」新任務新要求，提出要保持力度、延伸深度、拓寬廣度，以更高標準打好藍天、碧水、淨土保衛戰，以高水平保護推動高質量發展、創造高品質生活。

在方法策略上，《意見》體現了四個「進一步」的要求。一是進一步優化攻堅路徑。堅持減污降碳協同增效，突出以降碳為重點戰略方向，深入推進碳達峰行動，加快推動能源、產業、交通運輸結構調整，加強生態環境分區管控，更加注重綜合治理、系統治理、源頭治理。二是進一步拓寬攻堅領域。圍繞藍天、碧水、淨土保衛戰，《意見》部署實施重污染天氣消除等 8 個標誌性戰役，強化應對氣候變化、生物多樣性、新污染物等更廣泛領域的治理工作。三是進一步延伸攻堅範圍。推動環境治理範圍進一步向地級市以下行政層級和基層延伸擴展，將國家重大戰略區域作為污染防治攻堅戰主戰場。四是進一步強化攻堅舉措。綜合運

用行政、市場、法治、科技等多種手段，強化政策保障，構建大環保工作格局。

《意見》緊盯重點領域和關鍵環節接續攻堅。一是加強 PM2.5 和臭氧污染協同控制，深入打好藍天保衞戰。在繼續推進 PM2.5 污染防治的同時，加快補齊臭氧污染治理短板，大力推進氮氧化物和揮發性有機物協同減排，基本消除重污染天氣，有效遏制臭氧濃度增長趨勢。二是加強「三水」統籌、陸海聯動，深入打好碧水保衞戰。在鞏固提升水環境的同時，增加生態水、改善水生態，基本消除城市黑臭水體，深入推進長江、黃河等重點流域生態保護修復，實施重點海域綜合治理，建設美麗河湖、美麗海灣。三是強化土壤污染風險管控，深入打好淨土保衞戰。深入推進農用地土壤污染防治和安全利用，有效管控建設用地土壤污染風險，提升固體廢物和新污染物治理能力，確保農產品質量安全和人居環境健康。同時，《意見》提出要着力推進減污降碳協同治理和減污擴容協同發力，切實維護生態環境安全。

堅持「集中攻堅」的作戰方式

以更高標準打好藍天、碧水、淨土保衞戰，必須繼續堅持集中攻堅，集中力量攻克老百姓身邊的突出生態環境問題。集中攻堅是解決當前突出生態環境問題的客觀需要。環境污染重、污染物排放量大、環境風險高等現實問題棘手複雜，不採取集中攻堅作戰的方式難以有效解決。集中攻堅是加快滿足人民對良好生態環境需求的必然選擇。「盼環保」「求生態」「環境美」已成為人民幸福生活的新內涵。解決好優美生態環境需要與更多優質生態產

品供給不足之間的矛盾，需要我們根據需求方向的轉變加大攻堅力度。集中攻堅也是高質量發展階段必須跨過的關口。中國以重化工業為主的產業結構、以煤為主的能源結構、以公路貨運為主的運輸結構尚未根本改變，城市污水管網不配套、土壤和地下水污染防治、固體廢物與化學品管理、農業農村污染防治、自然生態和海洋生態環境監管基礎薄弱、生態環境治理投入不足和渠道單一等問題突出。當前，中國已經由高速發展轉向高質量發展階段，污染防治攻堅戰就是扭轉粗放型發展需要跨越的重要關口，必須繼續堅持集中攻堅、不懈努力，才能爬過這個坡，越過這道坎。

【知識鏈接】

大氣污染

　　大氣中污染物或由它轉化成的二次污染物的濃度達到了有害程度的現象。自從人類用煤作燃料以後，大氣污染的現象就存在了。產業革命促進了工業的迅速發展，煤的消耗量急劇增多，工業區和城市的大氣嚴重地受到了煙塵和二氧化硫的污染。城市中大量使用汽車，排出的廢氣含有氮氧化物和碳氫化合物，造成另一種類型的大氣污染，即最先在美國洛杉磯發現的光化學煙霧污染。煤和石油燃燒造成的大氣污染，是當前世界上最為普遍的環境問題之一。工農業生產以及其他人類活動排放的污染物，也使大氣受到不同性質和不同程度的污染。

深入打好污染防治攻堅戰的總體部署

深入打好污染防治攻堅戰，是中國着眼新發展階段生態文明建設新任務新要求做出的重大戰略部署，充分彰顯了中國建設人與自然和諧共生美麗中國的戰略定力和堅強決心，積極回應了全面建成小康社會之後人民羣眾追求更高品質生活的熱切期盼，對加快解決突出生態環境問題，持續改善生態環境質量，實現美麗中國建設目標具有重大意義。《意見》堅持了以人民為中心的發展思想，要求堅持問題導向，環保為民，把羣眾反映強烈的突出生態環境問題擺上重要議事日程，不斷加以解決，以生態環境保護實際成效取信於民，以良好的生態環境增進民生福祉。《意見》堅持以實現減污降碳協同增效為總抓手，要求堅持系統觀念、協同增效，聚焦減污降碳協同效應明顯的重點行業和領域，促進經濟社會發展全面綠色轉型。《意見》堅持以改善生態環境質量為核心，明確 2025 年和 2035 年生態環境質量改善的主要目標，抓住「好」「差」兩頭、整體帶動，保持污染防治攻堅力度，持續提升生態系統質量，推動生態環境質量改善由量變到質變。《意見》堅持以精準治污、科學治污、依法治污為工作方針，要求因地制宜、科學施策，落實最嚴格制度，提高污染治理的針對性、科學性、有效性。

工作原則 深入打好污染防治攻堅戰，需要立足新發展階段、貫徹新發展理念、構建新發展格局，以實現減污降碳協同增效為總抓手，以改善生態環境質量為核心，以精準治污、科學治污、依法治污為工作方針，統籌污染治理、生態保護、應對氣候變化，保持力度、延伸深度、拓寬廣度。這是一項涉及面廣、綜

合性強、艱巨複雜的系統工程，要從系統工程和全局角度尋求新的治理之道，堅持一切從實際出發，統籌兼顧、整體施策、多措並舉，從全方位、全地域、全過程、全生命週期角度，以更高標準打好藍天、碧水、淨土保衛戰。《意見》要求堅持方向不變、力度不減，保持戰略定力，堅定不移走生態優先、綠色發展之路，鞏固拓展「十三五」時期污染防治攻堅成果，繼續打好一批標誌性戰役，接續攻堅、久久為功。堅持問題導向、環保為民，不斷增強廣大人民羣眾的獲得感、幸福感、安全感，以生態環境保護實際成效取信於民。堅持精準科學、依法治污，加強全過程監管，提高污染治理的針對性、科學性、有效性。堅持系統觀念、協同增效，推進山水林田湖草沙一體化保護和修復，強化多污染物協同控制和區域協同治理，注重綜合治理、系統治理、源頭治理，保障國家重大戰略實施。堅持改革引領、創新驅動，深入推進生態文明體制改革，完善生態環境保護領導體制和工作機制，加大技術、政策、管理創新力度，加快構建現代環境治理體系。

主要目標 深入打好污染防治攻堅戰的主要目標是：到 2025 年，生態環境持續改善，主要污染物排放總量持續下降，單位國內生產總值二氧化碳排放比 2020 年下降 18%，地級及以上城市細顆粒物（PM2.5）濃度下降 10%，空氣質量優良天數比率達到 87.5%，地表水 Ⅰ—Ⅲ 類水體比例達到 85%，近岸海域水質優良（一、二類）比例達到 79% 左右，重污染天氣、城市黑臭水體基本消除，土壤污染風險得到有效管控，固體廢物和新污染物治理能力明顯增強，生態系統質量和穩定性持續提升，生態環境治理體系更加完善，生態文明建設實現新進步。到 2035 年，廣泛形成綠色生產生活方式，碳排放達峰後穩中有降，生態環境根本好

轉，美麗中國建設目標基本實現。

重點任務 《意見》提出的深入打好污染防治攻堅戰重點任務共 35 條，可以概括為 4 個方面：

一是加快推動綠色低碳發展。深入推進碳達峰行動，聚焦國家重大戰略打造綠色發展高地，推動能源清潔低碳轉型，堅決遏制高耗能高排放項目盲目發展，加強生態環境分區管控。

二是以更高標準打好藍天、碧水、淨土保衛戰，繼續打好一批標誌性戰役，力爭在重點區域、重要領域、關鍵指標上實現新突破。這方面的任務，是 35 條中的「重中之重」：深入打好藍天保衛戰，強化多污染物協同控制和區域協同治理，重點推進重污染天氣消除、臭氧污染防治、柴油貨車污染治理等標誌性戰役，有效控制細顆粒物和臭氧污染，持續提升空氣質量。深入打好碧水保衛戰，統籌水資源、水環境、水生態治理，加強重點流域和重要湖泊污染防治和生態保護，提升飲用水安全保障水平，重點推進城市黑臭水體治理、長江保護修復、黃河生態保護治理、重點海域綜合治理等標誌性戰役，建設美麗河湖、美麗海灣。深入打好淨土保衛戰，有效管控土壤污染風險，重點推進農業農村污染治理攻堅戰，加強固體廢物和新污染物治理，讓老百姓吃得放心，住得安心。

三是切實維護生態環境安全。持續提升生態系統質量。實施生物多樣性保護重大工程。強化生態保護監管。確保核與輻射安全。嚴密防控環境風險；

四是提高生態環境治理現代化水平。全面強化生態環境法治保障，健全生態環境經濟政策，完善生態環境資金投入機制，實施環境基礎設施補短板行動，提升生態環境監管執法效能，建立

完善現代化生態環境監測體系，構建服務型科技創新體系。

　　實現「深入打好」的目標任務，就要把「十三五」污染防治攻堅戰實踐中行之有效的辦法轉化為制度機制，綜合運用行政、市場、法治、科技等多種手段，因地制宜、科學施策，提高污染治理的針對性、科學性、有效性。全面強化生態環境法治保障，健全生態環境經濟政策，完善生態環境資金投入機制，推動形成「大環保」工作格局。實施環境基礎設施補短板行動，提升生態環境監管執法效能，建立完善現代化生態環境監測體系，構建服務型科技創新體系，進一步強化生態環境支撐保障。

二、大氣污染防治

　　中國大氣污染防治歷經風雨，從蹣跚起步、探索前行直至穩步發展、成績卓越，有效避免了發達國家曾經出現的重大環境污染與生態破壞事件，阻止了可導致大範圍人類傷亡與動植物死亡的大氣污染災害。通過多年的努力，中國在大氣污染防治方面取得了舉世矚目的成效。目前，中國主要大氣污染物的排放量與濃度顯著下降，空氣質量明顯好轉，煤煙型大氣污染、酸雨污染問題基本解決，局地光化學煙霧得以消除，產生了顯著的健康、社會經濟和環境生態效益，同時也促進了溫室氣體的減排和臭氧層消耗物質的淘汰。在 2013 年—2022 年的十年間，中國的 GDP 總量增長了 69%，PM2.5 濃度下降了 57%，實現了十連降，重污染天數下降了 92%，二氧化硫濃度達到了個位數。全國的二氧化硫排放量和氮氧化物排放量分別下降了 85% 和 60%。全國地級以上

城市的 PM2.5 濃度年均值達到 29 微克，首次進入「20+」時代。中國實現了經濟在快速增長的同時，空氣質量明顯改善，人民羣眾的藍天獲得感和幸福感顯著提升。

專家分析認為，取得這些成效的關鍵在於：首先是國家卓有成效的頂層設計。2013 年，國家審議通過了大氣污染防治計劃，2018 年出台了藍天保衞戰三年行動計劃，中國成為世界上第一個全面治理 PM2.5 污染的發展中國家。其次是推進能源領域和傳統產業的結構優化調整和交通領域的綠色轉型。第三是實施重點行業超低排放等治理工程，打造成了世界上規模最大的燃煤清潔發電基地，大力推進鋼鐵、水泥、焦化、燃煤鍋爐的超低排放。不斷提升城市精細化管理水平、解決跨區域長距離的傳輸問題和發動全社會力量參與大氣治理等政策措施，也在大氣污染防治攻堅戰中發揮了重要的作用。

【知識鏈接】

大氣污染的形成及其來源

大氣污染是指大氣中一些物質的含量達到有害的程度以至破壞生態系統和人類正常生存和發展的條件，對人或物造成危害的現象。大氣污染物按形成過程分類可包括一次污染物和二次污染物。一次污染物是指由自然界、人類活動或污染源直接產生的污染物。二次污染物則主要是由排入環境中的一次污染物在大氣環境中經物理、化學或生物因素作用下發生變化或與環境中其他物質發生反應後，轉化形成的與一次污染物物理、化學性狀不同的新污染物，如硫酸鹽、硝酸

鹽、臭氧、二次有機物等。二次污染物一般毒性較一次污染物強，對生物和人體的危害也更嚴重。

大氣污染主要來源於工業生產、煤炭燃燒和機動車尾氣。工業生產會排出大量煙、粉塵等一次顆粒物（如鋼鐵塵），還會在各種工業過程中排放出二次粒子（如硫酸鹽、硝酸鹽）的前體物如二氧化硫、氮氧化物及有機污染物。煤炭燃燒會產生大量一次污染物如煤煙塵、二氧化碳、一氧化碳，同時還會產生大量氣態前體物，如二氧化硫、氮氧化物、硫化氫、多環芳烴等有機污染物。散煤燃燒排放的污染物比高架源排放的污染物對地面空氣質量的影響更大。機動車排放的氮氧化物和揮發性有機物是大氣光化學反應的重要前體物，也是城市顆粒物主要二次組分硝酸鹽和二次有機氣溶膠的前體物。另外，機動車排放產生的烴類和氮氧化物在強烈紫外線照射下生成的光化學煙霧還是臭氧污染的主要來源。臭氧一般隱藏在萬里晴空之中，但危害卻絲毫不亞於PM2.5，成為「拖累」空氣質量的「罪魁」。

當前，全國大氣環境質量保持改善態勢，但生態環境持續改善的難度明顯加大。據生態環境部介紹，2022 年，全國空氣質量穩中向好，細顆粒物濃度持續下降。地級及以上城市細顆粒物（PM2.5）平均濃度為 29 微克 / 立方米，同比下降 3.3%，首次降低到 30 微克 / 立方米以內，實現近 10 年來連續下降。全國 74.6% 的城市 PM2.5 平均濃度達標，同比增加 15 個城市。主要污染物濃度穩定達標，重污染天數明顯減少。重度及以上污染天數比率為 0.9%，同比下降 0.4 個百分點，首次降低到 1% 以內。全

國 PM2.5、可吸入顆粒物（PM10）、二氧化氮（NO₂）、二氧化硫（SO₂）、一氧化碳（CO）、臭氧（O₃）6 項主要污染物平均濃度連續 3 年穩定達標。全國地級及以上城市空氣質量優良天數比率為 86.5%，同比下降 1.0 個百分點；北京市 PM2.5 平均濃度降至 30 微克／立方米，連續 2 年達到空氣質量二級標準。重點區域大氣環境治理仍需加強。京津冀及周邊地區、長三角地區、汾渭平原空氣質量優良天數比率同比分別下降 0.5 個百分點、3.7 個百分點、5.0 個百分點。京津冀及周邊地區、汾渭平原 PM2.5 平均濃度分別超標 25.7%、31.4%，秋冬季大氣污染依然較重，區域性重污染天氣過程仍時有發生。

據悉，目前中國正加快推動《空氣質量持續改善行動計劃》印發實施，突出加強大氣污染防治統籌調度，深入推進產業、能源、交通運輸結構優化調整，持續抓好大氣污染治理重大工程和重點領域工作，確保環境空氣質量持續改善。2023 年正在重點推進的大氣污染防治的工作包括：加強大氣污染防治統籌調度；深入推進產業、能源、交通運輸結構優化調整；持續抓好大氣污染治理重大工程和重點領域；全力做好重污染天氣應對，深化重點區域大氣污染聯防聯控，加強重污染天氣績效分級和差異化管控，指導修（制）訂重污染天氣應急預案；加強消耗臭氧層物質和氫氟碳化物環境管理；強化噪聲污染防治等。

加強大氣污染防治，深入打好藍天保衛戰，依然是當前污染防治攻堅戰的重中之重。《意見》對大氣污染防治提出的具體要求是：

着力打好重污染天氣消除攻堅戰。聚焦秋冬季細顆粒物污染，加大重點區域、重點行業結構調整和污染治理力度。京津冀

及周邊地區、汾渭平原持續開展秋冬季大氣污染綜合治理專項行動。科學調整大氣污染防治重點區域範圍，構建省市縣三級重污染天氣應急預案體系，實施重點行業企業績效分級管理，依法嚴厲打擊不落實應急減排措施行為。到 2025 年，全國重度及以上污染天數比率將控制在 1% 以內。

着力打好臭氧污染防治攻堅戰。聚焦夏秋季臭氧污染，大力推進揮發性有機物和氮氧化物協同減排。以石化、化工、塗裝、醫藥、包裝印刷、油品儲運銷等行業領域為重點，安全高效推進揮發性有機物綜合治理，實施原輔材料和產品源頭替代工程。完善揮發性有機物產品標準體系，建立低揮發性有機物含量產品標識制度。完善揮發性有機物監測技術和排放量計算方法，在相關條件成熟後，研究適時將揮發性有機物納入環境保護稅徵收範圍。推進鋼鐵、水泥、焦化行業企業超低排放改造，重點區域鋼鐵、燃煤機組、燃煤鍋爐實現超低排放。開展涉氣產業集羣排查及分類治理，推進企業升級改造和區域環境綜合整治。到 2025 年，揮發性有機物、氮氧化物排放總量將比 2020 年分別下降 10% 以上，臭氧濃度增長趨勢得到有效遏制，實現細顆粒物和臭氧協同控制。

持續打好柴油貨車污染治理攻堅戰。深入實施清潔柴油車（機）行動，全國基本淘汰國三及以下排放標準汽車，推動氫燃料電池汽車示範應用，有序推廣清潔能源汽車。進一步推進大中城市公共交通、公務用車電動化進程。不斷提高船舶靠港岸電使用率。實施更加嚴格的車用汽油質量標準。加快大宗貨物和中長途貨物運輸「公轉鐵」、「公轉水」，大力發展公鐵、鐵水等多式聯運。「十四五」時期，鐵路貨運量佔比將提高 0.5 個百分點，水路

貨運量年均增速將超過 2%。

　　加強大氣面源和噪聲污染治理。強化施工、道路、堆場、裸露地面等揚塵管控，加強城市保潔和清掃。加大餐飲油煙污染、惡臭異味治理力度。強化秸稈綜合利用和禁燒管控。到 2025 年，京津冀及周邊地區大型規模化養殖場氨排放總量將比 2020 年下降 5%。深化消耗臭氧層物質和氫氟碳化物環境管理。實施噪聲污染防治行動，加快解決羣眾關心的突出噪聲問題。到 2025 年，地級及以上城市全面實現功能區聲環境質量自動監測，全國聲環境功能區夜間達標率達到 85%。

　　中國在大氣污染防治方面取得了重大成就，但是改善成效還不穩固，仍然面臨着新的壓力和挑戰。大氣污染防治工作關乎 14 億人的健康，各級政府、社會各界和全體公眾正「同呼吸，共奮鬥」，堅持精準治污、科學治污和依法治污，全力以赴深入打好藍天保衛戰。可以預期，廣大人民羣眾將會收穫更多的、更加強烈的「藍天幸福感」。

三、水污染防治

　　隨着中國經濟的快速發展，水污染成為了一個嚴重的問題。中國的水資源總量很大，但是由於工業化、城市化和農業化的快速發展，水資源的供需矛盾日益加劇，水污染問題也變得越來越嚴重。為了解決這一問題，中國政府採取了一系列措施，包括制定環境保護法律法規、加強監管和治理、推廣環保技術等。一是完善水污染防治法規體系。中國政府在水污染防治方面制定了一

系列法律法規，包括《水污染防治法》、《水環境管理條例》等。這些法律法規對於水污染防治工作起到了重要的指導作用。其中，《水污染防治法》是中國水污染防治工作的基本法律，規定了水污染防治的目標、原則、責任和措施等。《水環境管理條例》則是對《水污染防治法》的補充和細化，規定了水環境保護的管理制度、水污染防治的標準和控制要求等。二是加強監管和治理。中國政府採取了一系列措施加強對水污染的監管和治理。其中，建立了環保部門對水污染進行監管的制度。環保部門負責對企業和地方政府進行監管，對違法排放的企業進行處罰。此外，政府還加強了對水污染治理的投入，通過建設污水處理廠、改造城市排水管網等措施，加強了對水污染的治理。三是推廣環保技術。推廣環保技術是水污染防治的重要手段。中國政府通過各種途徑，推廣環保技術，提高水污染防治的技術水平。例如，政府鼓勵企業採用先進的污水處理技術，提高污水處理的效率和質量。此外，政府還支持科技創新，鼓勵研發環保技術，為水污染防治提供技術支持。

【案例】

浙江統籌推進「五水共治」

　　浙江統籌推進「五水共治」，取得了令人矚目的成效。治污水，全力以赴打好剿滅劣 V 類水攻堅戰，重點抓好「清三河、兩覆蓋、兩轉型」。防洪水，重點把好強庫、固堤、擴排工程建設，推動病險水庫除險加固和海塘河堤加固。排澇水，重點抓好強庫堤、疏通道、攻強排，建設雨水管網，

清淤排水管網增加應急抽水設備能力。保供水，重點抓好開源、引調、提升工程建設。抓節水，重點抓好改裝器具、減少漏損、再生利用和雨水收集利用，改造節水器具和「一戶一錶」。同時，以治水倒逼產業轉型，助推工農業綠色發展。

經過持續不懈的努力，浙江治出了環境改善、水清岸美的新成效。全省河道「黑、臭、髒」等感觀污染基本消除，垃圾河、黑臭河變成了景觀河，門前屋後的臭水溝變成親水池，重現了江南水鄉美景。治出了轉型升級、騰籠換鳥的新局錶。通過「五水共治」開展了重污染行業、「低小散」企業整治，倒逼企業轉型升級。治出了各方點讚、百姓滿意的好口碑。人民羣眾對治水的滿意度不斷提升。

中國政府採取的一系列措施，取得了顯著的成效。當前，全國水環境質量保持持續改善態勢。據生態環境部公佈的數據，2022 年，全國地表水環境質量持續向好，Ⅰ—Ⅲ類水質斷面比例為 87.9%，與 2012 年相比上升 26.3 個百分點。劣 Ⅴ 類水質斷面比例為 0.7%，比 2012 年降低了 10.2 個百分點。重點流域水質進一步改善。長江流域、珠江流域、浙閩片河流、西南諸河和西北諸河水質持續為優，黃河流域、淮河流域和遼河流域水質良好。其中，長江幹流持續 3 年全線達到 Ⅱ 類水質，黃河幹流首次全線達到 Ⅱ 類水質。地下水水質總體保持穩定。全國地下水 Ⅰ—Ⅳ類水質點位比例為 77.6%，Ⅴ類水質點位比例為 22.4%，部分重點污染源周邊地下水特徵污染物超標問題尚未得到有效控制。一些嚴重污染的河流和湖泊得到了治理。例如，太湖、滇池等湖泊的水質得到了明顯改善。但是，水生態環境不平衡不協調問題依然突

出。部分區域汛期污染問題突出，黑臭水體從根本上消除難度較大，一些重點湖泊藍藻水華仍處於高發態勢，少數地區消除劣 V 類斷面難度較大，污染源周邊和地下水型飲用水水源保護區存在污染風險，水生態系統失衡等問題亟待解決。

在 2023 年的「碧水保衛戰」中，中國正加快構建「三水統籌」治理新格局，着力打好長江保護修復、黃河生態保護治理、城市黑臭水體治理等標誌性戰役，重點做好以下工作：一是扎實推進重點流域水生態環境保護。印發實施重點流域水生態環境保護規劃。持續完善問題發現和推動解決工作機制。積極儲備和實施水污染防治項目，推動流域規劃任務落地。二是加強江河湖泊生態環境保護修復。着力打好長江保護修復、黃河生態保護治理、城市黑臭水體治理等標誌性戰役。強化重要湖泊生態環境保護修復，強化南水北調水質監管，鞏固提升飲用水安全保障水平。三是鼓勵有條件的地方先行先試。加快突破城鄉面源污染防治瓶頸，持續推進長江流域水生態考核試點，組織全國重點流域水生態調查監測與評價，穩步推進區域再生水循環利用試點工作，因地制宜構建「污染治理—生態保護—循環利用」體系，協同推進降碳減污擴綠增長。加強美麗河湖保護與建設，深化流域跨省橫向生態保護補償。四是提升水生態環境治理體系和治理能力現代化水平。加強入河入海排污口監督管理。健全法規標準體系，更好支撐精準、科學、依法治污。《意見》對加強水污染防治提出的具體要求是：

持續打好城市黑臭水體治理攻堅戰。統籌好上下游、左右岸、幹支流、城市和鄉村，系統推進城市黑臭水體治理。加強農業農村和工業企業污染防治，有效控制入河污染物排放。強化

溯源整治，杜絕污水直接排入雨水管網。推進城鎮污水管網全覆蓋，對進水情況出現明顯異常的污水處理廠，開展片區管網系統化整治。因地制宜開展水體內源污染治理和生態修復，增強河湖自淨功能。充分發揮河長制、湖長制作用，鞏固城市黑臭水體治理成效，建立防止返黑返臭的長效機制。目前，縣級城市政府已經完成建成區內黑臭水體排查並制定整治方案，統一公佈黑臭水體清單及達標期限。到 2025 年，縣級城市建成區將基本消除黑臭水體，京津冀、長三角、珠三角等區域有望提前 1 年完成。

【案例】

南寧：城市黑臭水體治理的範本

　　南寧簡稱「邕」，是一座因水得名的城市。母親河邕江穿城而過，18 條城市內河縱橫交錯，豐盈的河水滋潤着城市，但隨着經濟快速發展、城市迅速擴張、人口急劇增加，各類污水排放量逐年增多，水污染問題日益嚴重。據 2015 年普查，南寧市建成區 18 條城市內河中有 13 條存在黑臭水體，共 38 段，總長度 99.4 公里，嚴重影響了城市品質和市民生產生活環境。如何實現「經濟與環境、發展與保護、人與自然」的人水相融、和諧共生良性發展目標，成為擺在南寧面前的一道難題。

　　近年來，南寧市堅持生態立市、綠色發展，以「治水、建城、為民」為城市工作主線，按照「控源截污、內源治理、生態修復、活水保質、長治久清」總體治水思路，舉全市之力組織開展污水治理項目徵地拆遷、污水處理廠建設、管網

建設和修復、河湖清淤和污染源頭治理、沿河岸線和河道生態修復等水環境全流域全要素系統綜合治理「五大攻堅戰」。目前，黑臭河段已全部消除，昔日一條條黑臭小河溝，如今依次蝶變美如畫，「水清岸綠、魚翔淺底」成為南寧很多河流的真實寫照，人與自然和諧共生的美麗場景已悄然由藍圖蛻變成實景。2019年，南寧市獲評「全國黑臭水體治理示範城市」。2021年1月，南寧市黑臭水體系統治理入選生態環境部「督察整改看成效」典型案例，成為全國治水的成功範本。

通過開展城市內河水環境綜合治理，南寧市積累了堅持「生態優勢金不換」的發展理念和開展全流域全要素系統治理、建立健全長效機制等寶貴經驗，這些理念和經驗可以為其他類似地區開展水環境綜合治理提供參考借鑒。

持續打好長江保護修復攻堅戰。推動長江全流域按單元精細化分區管控。狠抓突出生態環境問題整改，扎實推進城鎮污水垃圾處理和工業、農業面源、船舶、尾礦庫等污染治理工程。加強渝湘黔交界武陵山區「錳三角」污染綜合整治。持續開展工業園區污染治理、「三磷」行業整治等專項行動。推進長江岸線生態修復，鞏固小水電清理整改成果。實施好長江流域重點水域十年禁漁，有效恢復長江水生生物多樣性。建立健全長江流域水生態環境考核評價制度並抓好組織實施。加強太湖、巢湖、滇池等重要湖泊藍藻水華防控，開展河湖水生植被恢復、氮磷通量監測等試點。到2025年，長江流域的總體水質將保持為優，幹流水質穩定達到II類，重要河湖生態用水得到有效保障，水生態質量明顯提升。

長江經濟帶生態環境保護的
「三水並重，四抓同步，五江共建」

《長江經濟帶生態環境保護規劃》提出要「三水並重，四抓同步，五江共建」。「三水並重」就是水資源、水生態、水環境一起抓。水環境的問題跟水資源、水生態密切相關。水資源得不到合理利用，水生態得不到有力的修復保護，水環境就難以改善。「四抓同步」是指狠抓上下游的統籌協調，狠抓一些重點區域，尤其是兩湖一口（鄱陽湖、洞庭湖、長江口），狠抓一批生態保護和環境治理的重大工程，狠抓有關體制機制的改革創新。「五江共建」第一是通過水資源的科學開發利用，建設一條和諧長江；第二是通過加強水生態環境的治理改善，建設一條清潔長江；第三是通過水生態系統的修復與保護，建設一條健康長江；第四是通過沿江兩岸的其他環境問題的整治解決，建設一條優美長江；第五是通過有關生態環境風險的有效管控，建設一條安全長江。

着力打好黃河生態保護治理攻堅戰。全面落實以水定城、以水定地、以水定人、以水定產要求，實施深度節水控水行動，嚴控高耗水行業發展。維護上游水源涵養功能，推動以草定畜、定牧。加強中游水土流失治理，開展汾渭平原、河套灌區等農業面源污染治理。實施黃河三角洲濕地保護修復，強化黃河河口綜合治理。加強沿黃河城鎮污水處理設施及配套管網建設，開展黃河流域「清廢行動」，基本完成尾礦庫污染治理。到 2025 年，黃河

幹流上中游（花園口以上）水質將達到 II 類，幹流及主要支流生態流量得到有效保障。

鞏固提升飲用水安全保障水平。加快推進城市水源地規範化建設，加強農村水源地保護。基本完成鄉鎮級水源保護區劃定、立標並開展環境問題排查整治。保障南水北調等重大輸水工程水質安全。到 2025 年，全國將有高於 93% 的縣級及以上城市集中式飲用水水源水質達到或優於 III 類。

【知識鏈接】

飲用水水源保護區整治對象和措施

按照《集中式飲用水水源地規範化建設環境保護技術要求》，一級保護區整治對象包括：保護區現狀存在的建設項目、工業、生活排污口、畜禽養殖、網箱養殖、旅遊、游泳、垂釣或者其他可能污染水源的活動，保護區劃定後新增的農業種植和經濟林，上述情況一律由縣級以上人民政府責令拆除或關閉。對於保護區劃定前已經存在的農業種植和經濟林，則應該限制農藥化肥使用並逐步退出。二級保護區整治對象包括：

一是點源整治。二級保護區內現存的排放污染物的建設項目，工業和生活排污口，城鎮生活垃圾，易溶性、有毒有害廢棄物暫存或轉運站及化工原料、危險化學品、礦物油類及有毒有害礦產品的堆放場所，生活垃圾轉運站，規模化畜禽養殖場（小區）等。

二是非點源控制：主要是農業種植、分散式畜禽養殖廢

物、網箱養殖、農村生活污水等。

三是流動源管理：主要是針對危險化學品或煤炭、礦砂、水泥等散貨碼頭、水上加油站及穿越保護區的道路橋樑和運輸危險化學品的運輸車輛。準保護區整治對象包括：重污染行業，易溶性、有毒有害廢棄物暫存和轉運站，採礦採砂活動，工業園區的達標排放和總量控制及毀林開荒等行為。

四、土壤污染防治

萬物土中生，土壤是事關人類生存和經濟社會發展的重要戰略資源。當前中國土壤生態環境狀況總體穩定，部分地區污染較為嚴重。據統計，中國土地面積的 1/5 以上受到不同程度的污染，其中最為嚴重的是重金屬污染。土壤污染的原因很多，主要是工業污染、農業污染和生活污染所致。工業污染是造成土壤污染的主要原因之一。各種工業生產過程中會排放大量的有害物質，這些物質會隨着大氣、水體等介質的傳播而進入土壤中，造成污染。這些有害物質包括重金屬、有機溶劑、氯化物、硫酸鹽等。農業污染也是造成土壤污染的重要原因之一。農業生產中會使用大量的農藥、化肥等物質，這些物質隨着雨水的沖刷、地下水的滲透等方式進入土壤中，造成土壤污染。另外，農業廢棄物的處理也會對土壤造成污染。生活污染是指人類生活中所產生的各種有害物質，如垃圾、污水、廢棄物等。這些物質如果不得當處理，就會對土壤造成污染。

中國政府在淨土保衛戰中，採取有力措施強化土壤污染風險管控和修復，有效防範風險。

一是**強化土壤污染風險管控**。以風險管控為導向，對污染土壤實行分類別、分用途管理，確保受污染土壤的安全利用。一方面，對優先保護類、安全利用類和嚴格管控類耕地實施分類管理；另一方面，實施建設用地准入管理，將建設用地土壤環境管理要求納入用地規劃和供地管理，土地開發利用必須符合土壤環境質量要求。

二是**加強土壤污染源監管**。土壤作為大部分污染物的最終受納體，其污染來源複雜，與生產生活密切相關。為根治中國土壤污染問題，必須切斷污染來源推進工業、農業、生活源全防全控，嚴控工礦污染，控制農業污染，加強固體廢物污染防治，減少生活污染。

三是**開展土壤污染治理修復**。以影響農產品質量和人居環境安全的突出土壤污染問題為重點，加大適用技術推廣力度。建立土壤污染治理與修復終身責任追究機制，按照「誰污染，誰治理」原則，明確治理與修復主體。

【知識鏈接】

《土壤污染防治法》

《土壤污染防治法》自 2019 年 1 月 1 日起施行，為扎實推進「淨土保衛戰」，讓老百姓吃得放心、住得安心提供了法治保障，標誌着土壤污染防治制度體系基本建立。

《土壤污染防治法》明確了防治土壤污染的法律責任。落實企業主體責任，要求生產、使用、貯存、運輸、回收、處置、排放有毒有害物質的單位和個人，應當採取有效措施，防止有毒有害物質滲漏、流失、揚散，避免土壤受到污染。強化污染者責任，明確土壤污染責任人負有實施土壤污染風險管控和修復的義務；土壤污染責任人無法認定的，土地使用權人應當實施土壤污染風險管控和修復。明確政府和相關部門的監管責任，地方各級人民政府應當對本行政區域土壤污染防治和安全利用負責。生態環境主管部門對土壤污染防治工作實施統一監督管理；農業農村、自然資源、住房城鄉建設、林業草原等主管部門在各自職責範圍內對土壤污染防治工作實施監督管理。提出建立農用地分類管理制度，保障農業生產環境安全。將農用地劃分為優先保護類、安全利用類和嚴圍蛤格管控類，並規定了不同的管理措施；建立建設用地准入管理制度，防範人居環境風險。明確要求列入建設用地土壤污染風險管控和修復名錄的地塊，不得作為住宅、公共管理與公共服務用地；未達到土壤污染風險評估報告確定的風險管控、修復目標的建設用地地塊，禁止開工建設任何與風險管控、修復無關的項目。要求對違法犯罪行為嚴懲重罰。如規定對專門從事土壤污染狀況調查、風險評估、效果評估活動的單位出具虛假報告的違法行為，情節嚴重的，永久性禁止從事相關業務；對直接負責的主管人員和其他直接責任人員處以罰款，情節嚴重的十年內禁止從事相關業務，構成犯罪的終身禁止從事相關業務；單位與委託人惡意串通，出具虛假報告，造成他人人身或者財產損害的，還應

當與委託人承擔連帶責任。

隨着淨土保衛戰的持續推進，中國土壤、地下水和農業農村生態環境保護取得積極成效。目前，**全國土壤環境風險得到基本管控，土壤污染加重趨勢得到初步遏制。**受污染耕地安全利用率達到 90% 以上，重點建設用地安全利用得到有效保障，全國地下水考核點位質量極差比例控制在 15% 左右，土壤和地下水環境質量總體保持穩定，污染風險基本得到管控，農業面源污染防治穩步推進，農村生態環境得到有效改善。

2022 年，生態環境部推動實施 124 個土壤污染源頭管控項目，指導 132 個重點縣開展耕地重金屬污染成因排查整治，累計將 1744 塊地塊納入建設用地土壤污染風險管控和修復名錄。全國農村生活污水治理率達到 31% 左右。全國農用地安全利用率保持在 90% 以上，農用地土壤環境狀況總體穩定，影響農用地土壤環境質量的主要污染物是重金屬。重點建設用地安全利用得到有效保障。

據悉，當前土壤污染防治方面正在按照生態環境保護工作的全面部署推進各項重點工作。在持續深化土壤和地下水污染防治與風險管控方面，着重加強農用地土壤污染源頭防治和安全利用，土壤和地下水污染源頭防控，建設用地准入管理和土壤污染管控，地下水型飲用水水源安全保障工作，推進土壤污染防治先行區建設和地下水污染防治試驗區等試點示範；在深入推進農業農村生態環境保護方面，持續推進鄉村生態振興和農村環境整治，加大農村生活污水和黑臭水體治理力度，深入開展農業面源污染治理監督指導。

【知識鏈接】

土壤修復技術

土壤修復技術一般可以分為物理／化學修復技術和生物修復技術。

物理／化學修復技術是利用污染物或污染介質的物理／化學特性，以達到破壞、分離污染物的目的，具有實施週期短、同時處理多種污染物等優點。物理／化學修復技術主要包括熱脫附處理、蒸汽抽提、化學氧化還原、化學淋洗、電動力學等。

生物修復技術是指一切以利用生物為主體的土壤污染治理技術，包括利用植物、動物和微生物吸收、降解、轉化土壤中的污染物，使污染物的濃度降低到可接受的水平，或將有毒有害的污染物轉化為無毒無害的物質。生物修復包括植物修復、微生物修復、生物聯合修復等技術。雖然生物修復技術修復週期通常較長，但具有二次污染小、費用低、可原位降解污染物等優點。

加強土壤污染防治，深入打好淨土保衞戰，《意見》提出的重點任務包括：

持續打好農業農村污染治理攻堅戰。因地制宜推進農村廁所革命、生活污水治理、生活垃圾治理，基本消除較大面積的農村黑臭水體，改善農村人居環境。實施化肥農藥減量增效行動和農膜回收行動。加強種養結合，整縣推進畜禽糞污資源化利用。規範工廠化水產養殖尾水排污口設置，在水產養殖主產區推進養殖

尾水治理。到 2025 年，農村生活污水治理率將達到 40%，化肥農藥利用率達到 43%，全國畜禽糞污綜合利用率達到 80% 以上。

深入推進農用地土壤污染防治和安全利用。實施農用地土壤鎘等重金屬污染源頭防治行動。依法推行農用地分類管理制度，強化受污染耕地安全利用和風險管控，受污染耕地集中的縣級行政區開展污染溯源，因地制宜制定實施安全利用方案。在土壤污染面積較大的 100 個縣級行政區推進農用地安全利用示範。嚴格落實糧食收購和銷售出庫質量安全檢驗制度和追溯制度。到 2025 年，受污染耕地安全利用率將達到 93% 左右。

有效管控建設用地土壤污染風險。嚴格建設用地土壤污染風險管控和修復名錄內地塊的准入管理。未依法完成土壤污染狀況調查和風險評估的地塊，不得開工建設與風險管控和修復無關的項目。從嚴管控農藥、化工等行業的重度污染地塊規劃用途，確需開發利用的，鼓勵用於拓展生態空間。完成重點地區危險化學品生產企業搬遷改造，推進騰退地塊風險管控和修復。

穩步推進「無廢城市」建設。建設「無廢城市」是從城市整體層面深化固體廢物綜合管理改革的有力抓手，對於持續深入打好污染防治攻堅戰和碳達峰碳中和等重大戰略具有不可忽視的作用。「十四五」時期將推進 100 個左右地級及以上城市開展「無廢城市」建設，鼓勵有條件的省份全域推進「無廢城市」建設。「無廢城市」建設相關制度、技術、市場、監管體系將逐步健全，城市固體廢物精細化管理也將進一步得到加強。

加強新污染物治理。新污染物包括環境內分泌干擾物、納米材料、阻燃劑、抗生素、有機氟化物等，有毒有害化學物質的生產和使用是新污染物的主要來源。新污染物已經在中國部分地區

的環境介質及人體生物材料中被檢出，其對人體健康及生態環境的累積性風險不容忽視。中國已於 2022 年 5 月發佈實施了新污染物治理行動方案，對新污染物治理工作進行全面部署。針對持久性有機污染物、內分泌干擾物等新污染物，將實施調查監測和環境風險評估，建立健全有毒有害化學物質環境風險管理制度，強化源頭准入，動態發佈重點管控新污染物清單及其禁止、限制、限排等環境風險管控措施。

強化地下水污染協同防治。持續開展地下水環境狀況調查評估，劃定地下水型飲用水水源補給區並強化保護措施，開展地下水污染防治重點區劃定及污染風險管控。健全分級分類的地下水環境監測評價體系。實施水土環境風險協同防控。在地表水、地下水交互密切的典型地區開展污染綜合防治試點。

五、海洋生態環境保護

中國是一個擁有廣闊海洋領土的國家，海洋生態環境保護是深入打好碧水保衛戰的重要組成部分。目前，中國海洋污染現象還比較嚴重，主要污染物質包括工業廢水、生活污水、農業污染、石油和化學品泄漏等。由於污染和過度捕撈等原因，一些海洋生物資源面臨着嚴重的枯竭，有的珍稀物種瀕臨滅絕，對海洋生態環境造成了不可挽回的損害。

為了保護中國海洋生態環境，中國政府採取了一系列重大舉措，包括：中國政府制定了《海洋環境保護法》《海洋漁業法》《海洋漁業資源保護管理辦法》等一系列法律法規，為海洋生態環境

保護提供了法律保障。積極推動海洋生態文明建設，加強了海洋環境監測和管理，有效地控制了污染物排放，海洋環境質量明顯改善，海洋生態系統得到了有效保護和修復，生態平衡得到了重建，珍稀物種的數量和種群數量得到了恢復和增加。從生態環境部介紹的 2022 年海洋環境狀況來看，中國管轄海域海水水質總體穩定。夏季符合一類標準的海域面積佔比 97.4%，同比下降 0.3 個百分點。全國近岸海域海水水質總體保持改善趨勢，優良（一、二類）水質比例為 81.9%，同比上升 0.6 個百分點；劣四類水質比例為 8.9%，同比下降 0.7 個百分點。入海河流總氮污染問題逐漸突顯，局部近岸海域污染依然存在，主要分佈在遼東灣、渤海灣、萊州灣、長江口、杭州灣、珠江口等近岸海域，主要超標指標為無機氮和活性磷酸鹽。

【延伸閱讀】

《「十四五」海洋生態環境保護規劃》

2022，生態環境部與國家發展改革委員會、自然資源部、交通運輸部、農業農村部、中國海警局等部門聯合印發《「十四五」海洋生態環境保護規劃》。這一規劃以海洋生態環境突出問題為導向，以海洋生態環境持續改善為核心，統籌謀劃「十四五」海洋生態環境保護目標指標和任務措施。

按照統籌污染治理、生態保護、應對氣候變化的總體要求，規劃從 5 個方面部署了「十四五」期間的相關工作：一是強化精準治污，以近岸海灣、河口為重點，分區分類實施陸海污染源頭治理，深入打好重點海域綜合治理攻堅戰，

陸海統籌持續改善近岸海域環境質量；二是保護修復並舉，堅持山水林田湖草沙一體化保護和修復理念，更加注重整體保護和系統修復，着力構建海洋生物多樣性保護網絡，恢復修復典型海洋生態系統，強化海洋生態監測監管，提升海洋生態系統質量和穩定性；三是有效應對海洋突發環境事件和生態災害，加強海洋環境風險源頭防範，全面摸排重大海洋環境風險源，構建分區分類的海洋環境風險防控體系，加強應急響應能力建設；四是堅持綜合治理，系統謀劃和梯次推進海灣生態環境綜合治理，強化「水清灘淨、魚鷗翔集、人海和諧」的美麗海灣示範建設和長效監管，切實解決老百姓反映強烈的突出海洋生態環境問題；五是協同推進應對氣候變化與海洋生態環境保護，開展海洋碳源匯監測評估，推進海洋應對氣候變化的響應監測與評估，有效發揮海洋固碳作用，提升海洋適應氣候變化的韌性。

據悉，2023 年中國在海洋生態環境保護方面開展的重點工作主要有：以美麗海灣建設為統領，深入實施「十四五」海洋生態環境保護規劃；以三大海域為重點，全力打好重點海域綜合治理攻堅戰；以《海洋環境保護法》為基礎，加快推動相關法律法規和制度標準制修訂；以嚴格監管為目標，不斷強化陸源入海排污監管；以服務保障為導向，進一步加強海洋工程和海洋傾廢監管；以環境安全為底線，強化海洋突發環境事件應急準備與能力建設。

按照《深入打好污染防治攻堅戰的意見》對海洋生態環境保護的提出的具體要求，中國政府將繼續加強海洋生態環境保護，

推動海洋生態文明建設。

着力打好重點海域綜合治理攻堅戰。鞏固深化渤海綜合治理成果，實施長江口—杭州灣、珠江口鄰近海域污染防治行動，「一灣一策」實施重點海灣綜合治理。深入推進入海河流斷面水質改善、沿岸直排海污染源整治、海水養殖環境治理，加強船舶港口、海洋垃圾等污染防治。推進重點海域生態系統保護修復，加強海洋伏季休漁監管執法。推進海洋環境風險排查整治和應急能力建設。到 2025 年，重點海域水質優良比例將比十三五末再提升 2 個百分點左右，省控及以上河流入海斷面基本消除劣 V 類，濱海濕地和岸線得到有效保護。

【知識鏈接】

赤　潮

赤潮又稱紅潮，是海洋生態系統中的一種異常現象，是由海藻家族中的赤潮藻在特定環境條件下爆發性地增殖造成的，赤潮發生後，海水一般變成紅色，有時也呈現黃、綠、褐色等不同顏色。赤潮的發生常伴有魚類及其他海洋生物因缺氧死亡的現象，同時還會釋放出大量有害氣體和毒素，嚴重污染海洋環境。大量含有各種含氮有機物的廢污水排入海水中，促使海水富營養化，是引發赤潮的重要原因。

2022 年，中國海域共發現赤潮 67 次，累計面積 3328 平方，直接經濟損失 852.75 萬元。其中，發現有毒有害赤潮 20 次，累計面積 730 平方。莆田南日島東岱、坑口附近海域和平潭流水、蘇澳海域的 2 次有害赤潮過程造成福建海水養殖

區魚類和鮑魚大量死亡，直接經濟損失分別為，632.75 萬元和 220 萬元。與近十年相比，2022 年赤潮發現次數高於平均值，累計面積低於平均值，為平均值的 58%。

強化陸域海域污染協同治理。持續開展入河入海排污口「查、測、溯、治」，到 2025 年，基本完成長江、黃河、渤海及赤水河等長江重要支流排污口整治。完善水污染防治流域協同機制，深化海河、遼河、淮河、松花江、珠江等重點流域綜合治理，推進重要湖泊污染防治和生態修復。沿海城市加強固定污染源總氮排放控制和面源污染治理，實施入海河流總氮削減工程。建成一批具有全國示範價值的美麗河湖、美麗海灣。

【案例】

重點海域綜合治理攻堅戰行動方案

2022 年，生態環境部、發展改革委、自然資源部、住房和城鄉建設部、交通運輸部、農業農村部和中國海警局聯合印發了《重點海域綜合治理攻堅戰行動方案》，對「十四五」時期渤海、長江口—杭州灣和珠江口鄰近海域等三大重點海域綜合治理攻堅行動的總體要求、主要目標、重點任務和保障措施等作出了部署安排。

《方案》提出，要按照因地制宜、分區施策，陸海統籌、綜合治理，系統保護、協同增效，落實責任、合力攻堅的基本原則，深入打好重點海域綜合治理攻堅戰，實現「十四五」

時期三大重點海域生態環境持續改善、陸海統籌的生態環境綜合治理能力明顯增強、人民群眾臨海親海的獲得感和幸福感不斷提升。到 2025 年，三大重點海域水質優良（一、二類）比例較 2020 年提升 2 個百分點左右，入海排污口排查整治穩步推進，主要河流入海斷面基本消除劣 V 類，濱海濕地和岸線得到有效保護，海洋環境風險防範和應急響應能力明顯提升，形成一批具有全國示範價值的美麗海灣。《方案》部署了四個方面的主要攻堅任務，包含 8 個專項行動和 2 項重要舉措。一是在陸海污染防治方面，立足三大重點海域生態環境稟賦和發展定位，開展入海排污口排查整治、入海河流水質改善、沿海城市污染治理、沿海農業農村污染治理、海水養殖環境整治、船舶港口污染防治、岸灘環境整治等 7 個專項行動。二是在生態保護修復方面，開展海洋生態保護修復專項行動，鞏固深化渤海生態保護修復成效，推進長江口—杭州灣、珠江口鄰近海域濱海濕地和岸線保護修復；加強區域珍貴瀕危物種及其棲息地保護；加強漁業資源養護。三是在環境風險防範方面，實施涉海風險源排查檢查、環境風險隱患整治、海洋突發環境事件應急監管能力建設等重要措施。四是在美麗海灣建設方面，實施「一灣一策」海灣綜合治理，推進美麗海灣建設、海灣生態環境常態化監測監管等重要措施。

第五章

堅定不移走
綠色發展之路

綠色是永續發展的必要條件和人民對美好生活追求的重要體現。2015 年《中共中央關於制定國民經濟和社會發展第十三個五年規劃的建議》將綠色發展與創新發展、協調發展、開放發展、共享發展並列，強調必須堅持節約資源和保護環境的基本國策，堅持可持續發展，堅定走生產發展、生活富裕、生態良好的文明發展道路，加快建設資源節約型、環境友好型社會，形成人與自然和諧發展現代化建設新格局，推進美麗中國建設，為全球生態安全作出新貢獻。

　　在走綠色發展之路過程中，推動產業結構持續優化和綠色化，發展綠色生產，推廣綠色生活方式是其中的重點，只有實現經濟社會發展方式的綠色化轉型，大力推行綠色生產方式，推動能源革命和資源節約集約利用，系統推進清潔生產，統籌減污降碳協同增效，才能夠以創新驅動為引領塑造經濟發展新動能新優勢，以資源環境剛性約束推動產業結構深度調整，以強化區域協作持續優化產業空間佈局，使經濟發展既保持量的合理增長，又實現質的穩步提升，開創高質量發展的新局面。同時，綠色發展與每個人都密不可分，每個人都應是綠色發展之路的踐行者和推動者。只有積極弘揚生態文明價值理念，推動全民持續提升節

約意識、環保意識、生態意識，自覺踐行簡約適度、綠色低碳的生活方式，才能形成全社會共同推進綠色發展的良好氛圍。在堅持走綠色發展之路過程中，體制機制是關鍵，中國加快構建和完善導向清晰、決策科學、執行有力、激勵有效的生態文明制度體系，持續提升綠色發展的政府治理效能，為綠色發展任務目標順利實現提供堅實保障。

一、推行綠色生產

2020 年 10 月，《中共中央關於制定國民經濟和社會發展第十四個五年規劃和二〇三五年遠景目標的建議》規劃了中國到 2035 年基本實現社會主義現代化的遠景目標，指出要「廣泛形成綠色生產生活方式，碳排放達峰後穩中有降，生態環境根本好轉，美麗中國建設目標基本實現」。可以說，廣泛形成綠色生產生活方式已經成為中國建設社會主義現代化國家的必要條件。中共二十大報告在論述「推動綠色發展，促進人與自然和諧共生」時也指出要加快推進發展方式的綠色轉型，具體包括推動經濟社會發展綠色化、低碳化，加快推進產業結構、能源結構、交通運輸結構的調整優化，實施全面節約戰略，完善支持綠色發展的財稅、金融、投資、價格政策和標準體系，健全資源環境要素市場化配置體系等。

具體來講，綠色生產主要是指以低碳、創新與可持續性為核心推動生產，最大限度減少資源使用損耗和對環境的污染。形成綠色生產方式是緩解資源環境約束、實現可持續發展的重要抓

手，既涉及推進工業綠色升級、加快農業綠色發展、提高服務業綠色發展水平以及壯大綠色環保產業，又涉及構建綠色供應鏈，加快推動產業結構、能源結構、交通運輸結構等調整優化，以生產體系帶動流通體系的綠色低碳循環發展，推動構建市場導向的綠色技術創新體系。

（一）推行綠色生產具有重要意義

推行綠色生產是推動中國經濟社會高質量發展的內在要求。高質量發展是全面建設社會主義現代化國家的首要任務，用最少資源環境代價取得最大經濟社會效益，是推動高質量發展的應有之義。面對着資源約束趨緊、環境破壞日益嚴重的情況，中國經濟社會發展不平衡、不協調和不可持續的問題不斷突顯，傳統的發展模式難以繼續下去，而以創新驅動為引領塑造經濟發展新動能和新優勢，以資源環境剛性約束推動產業結構的綠色化調整就變得勢在必行。同時，良好的生態環境是最普惠的民生福祉，擁有綠水青山是全體人民共同的心願和期盼，我們需要提供更多優質生態產品來滿足人民羣眾日益增長的優美生態環境需要。因此，就必須下決心改變傳統的「大生產、高消耗、高排放」的生產模式，使資源、生產、消費等要素相匹配相適應，提供更多優質生態產品，推動實現更高質量、更有效率、更加公平、更可持續、更為安全的發展。廣泛形成綠色生產生活方式，建立健全綠色低碳循環發展經濟體系，促進經濟社會發展全面綠色轉型，是解決中國生態環境問題的基礎之策，是把握新發展階段、貫徹新發展理念、構建新發展格局、推動高質量發展的必然要求。

推行綠色生產是開展新時代生態文明建設的必由之路。生態文明是人類社會與自然界和諧共處、良性互動、持續發展的一種文明形態，是工業文明發展到一定階段的產物，其實質是建設以資源環境承載能力為基礎、以自然規律為準則、以可持續發展為目標的資源節約型和環境友好型社會，形成人與自然和諧發展的現代化建設新格局。改革開放以來，尤其是進入新世紀以來，中國工業化進程不斷加快，工業整體素質明顯改善，國際地位顯著提升，中國已成為名副其實的工業大國。但中國工業發展依然沒有擺脫高投入、高消耗、高排放的粗放型模式，工業仍然是消耗資源能源和產生排放的主要領域，資源能源的瓶頸制約問題日益突出。以 2014 年為例，中國消耗了總量達 42.6 億噸的標準煤，煤炭消費量約佔全球一半。中國進口原油 3.1 億噸，佔國內消費量的 59%；鐵礦石進口 9.33 億噸，佔國際貿易量的 69%；天然橡膠、銅、鎳、鋁土礦、鉛鋅等對外依存度超過 50%，有的甚至高達 85%。中國人均水資源量只有 2100 立方米，僅為世界平均水平的四分之一。中國主要污染物的排放，特別是對人民羣眾危害嚴重的非常規污染物如持久性有機污染物、重金屬等幾乎都來源於工業領域。與此同時，中國工業能效、水效與發達國家仍有差距，其中鋼鐵行業國內平均能效水平與國際先進水平相比還落後 6%—7%，石化化工落後 10%—20%；中國萬美元工業增加值用水量為 569 立方米，還遠高於日本的 88 立方米、韓國的 55 立方米、英國的 89 立方米。

生態文明是工業文明發展的新階段，是對工業文明的發展與超越。建設生態文明並不僅僅是簡單意義上的生態修復和污染排放控制，而是要克服傳統工業文明的弊端，探索綠色發展道路。

建設生態文明，必須全面推行綠色生產，不斷縮小與世界領先綠色生產能力的差距，加快趕超國際先進綠色發展水平。全面推行綠色生產，加快構建起科技含量高、資源消耗低、環境污染少的產業結構和生產方式，實現生產方式「綠色化」，既能夠有效緩解資源能源約束和生態環境壓力，也能夠促進綠色產業發展，增強節能環保等戰略性新興產業對國民經濟和社會發展的支撐作用，推動加快邁向產業鏈中高端，實現綠色增長。

推行綠色生產是建設製造強國的核心所在。工業是一國的立國之本，是中國經濟社會發展的根基所在，也是推動經濟發展提質增效升級的主戰場。工業要主動適應新常態，把綠色低碳轉型、可持續發展作為建設製造強國的重要着力點，放在更加重要的位置，大幅提高製造業綠色化、低碳化水平，加快形成經濟社會發展新的增長點。中國製造業總體上處於產業鏈中低端，產品資源能源消耗高，勞動力成本優勢不斷削弱，加之當前經濟進入中高速增長階段，下行壓力較大，在全球「綠色經濟」的變革中，要建設製造強國，統籌利用兩種資源、兩個市場，迫切需要加快推行綠色生產，大力發展綠色生產力，更加迅速地增強綠色綜合國力，提升綠色國際競爭力。這就要求我們形成節約資源、保護環境的產業結構、生產方式，改變傳統的高投入、高消耗、高污染生產方式，建立投入低、消耗少、污染輕、產出高、效益好的資源節約型、環境友好型工業體系，這既是強國製造的基本特徵，也是製造強國的本質要求。只有製造業實現了綠色發展，才能既為社會創造「金山銀山」的物質財富，又保持自然環境的「青山綠水」，實現製造強國的夢想。

推行綠色生產是參與國際競爭，提高競爭力的必然選擇。

2008 年國際金融危機之後，為刺激全球經濟振興，創造更多就業機會，解決環境問題，聯合國環境規劃署提出了綠色經濟發展議題，並在 2009 年的二十國集團領導人第二次峰會上被各國廣泛採納。各主要國家把綠色經濟作為本國經濟的未來，搶佔未來全球經濟競爭的制高點，加強戰略規劃和政策資金支持，綠色發展成為世界經濟重要趨勢。如歐盟實施了綠色工業發展計劃，投資 1050 億歐元支持歐盟地區的「綠色經濟」；美國開始主動干預產業發展方向，再次確認製造業是美國經濟的核心，瞄準高端製造業、信息技術、低碳經濟，利用技術優勢謀劃新的發展模式。同時，一些國家為了維持競爭優勢，不斷設置和提高綠色壁壘，全球化面臨新的挑戰，綠色標準已經成為國際競爭的又一利器。在這一國際局勢上，中國只有大力推行綠色生產，直面國際社會發展綠色經濟的挑戰，積極參與國際競爭，才能不斷提高自身經濟社會發展的國際競爭力。

（二）推行綠色生產的具體路徑

推行綠色生產的具體路徑上，要聚焦和突出「綠色」主題，按照全生命週期的理念，革新傳統設計、製造技術和生產方式，加快構建起以「綠色」為特徵的工業體系。

一是要實施傳統行業的綠色改造升級。中國在工業化的發展進程中形成了以能源化工、鋼鐵機械和有色金屬等以傳統產業為主的工業化體系，這些產業在中國經濟社會發展中佔據着重要的地位，但同時這些行業多為「高投入、高污染、高消耗」的重點領域。因此，要全面推進鋼鐵、有色、化工、建材、造紙、印

染等傳統高污染行業的綠色化改造，加快新一代可循環流程工藝技術研發，大力開發推廣具備能源高效利用、污染減量化、廢棄物資源化利用和無害化處理等功能的工藝技術，積極採用高效電機、鍋爐等先進設備，用高效綠色生產工藝技術裝備改造傳統工業製造流程，同時全面落實節能減排各項要求，繼續降低資源消耗，消減污染物的排放總量，加快實現重點行業綠色升級。

【案例】

延安石油化工廠：
秉承綠色使命，建設綠色工廠

陝西省延長石油（集團）有限責任公司延安石油化工廠也是踐行綠色生產的另一優秀案例。陝西延長石油（集團）有限責任公司延安石油化工廠是延長石油集團煉化板塊的核心企業之一，籌建於 2006 年，2009 年建成投產，隸屬於陝西延長石油集團煉化公司，是陝西延長石油（集團）有限責任公司重組後建成投用的首個大型石油化工廠。截至 2018 年 12 月，該廠作為延長石油的「新型現代化工」企業，在改革發展中當好先鋒，在推進高質量發展中不斷奮進突圍、創新升級，發展成為一廠兩區（廠本部和輕烴中心兩個生產廠區），順利完成清潔能源「二次創業」的綠色使命，即從國三到國六 B 的汽柴油升級換代，走出了一次次奮進崛起的鏗鏘步伐。

堅持以點帶面，全員參與，積極推進綠色工廠創建。為

確保綠色工廠創建工作高效開展，延安石油化工廠始終將生態文明建設和綠色發展深度融入企業發展戰略當中，以最終實現企業效益、環境效益、社會效益的和諧統一為目標，秉承「環境一流、生產有序、生態良好、效益一流」的生態型、現代化企業的理念，深度實施綠色生產。該廠制訂並下發了《延安石油化工廠綠色工廠創建推進實施方案》等文件，成立了綠色工廠創建領導小組，形成了以基層車間為點，以專業部室為面的立體架構，細化創建網絡進度圖，明確各單位工作職責和任務清單，讓全員參與到綠色工廠創建工作當中。

實施環保裝置提標升級，嚴格控制污染物排放。為進一步實現污染物減排，2020 年該廠實施污水總排和鍋爐煙氣排放提標升級改造項目，結合 $400m^3$ 污水處理裝置 $75t/h$ 循環流化牀鍋爐特點和運行狀況，對技術進行重組優化，其中污水深度處理採用「臭氧催化氧化＋改良多級曝氣生物濾池＋微砂加炭高效沉澱池」工藝技術，新建 $350m^3/h$ 污水深度處理裝置，改造現有中水回用裝置等其他配套設施，最終實現總排污水達標排放。

加強餘熱餘能的回收利用，提高能源資源利用水平。該廠針對裝置富餘氫氣，在統籌平衡廠區和輕烴燃料氣的基礎上，對混合脫氫裝置內部氫氣、燃料氣工藝系統進行了改造，即新增一條氫氣線，將重整富餘氫氣引至混合脫氫解析氣壓縮機出口，送入燃料氣管網再利用，在確保 PSA 出口氫氣的純度前提下，最大限度增加燃料氣產量，降低火炬排放量，充分回收了全廠富裕瓦斯和氫氣，並將回收瓦斯氣作為

鍋爐燃料摻燒，從而減少燃煤消耗量實現了二氧化碳排放減量化。經計算，摻燒的燃料氣消耗量約 1600 萬 m^3，減少約 2 萬噸燃煤消耗量，減少二氧化碳排放量約 4 萬噸，最大限度減少火炬排放量，在保障裝置運行平穩的同時，達到了節能環保和降本增效雙贏的目的。

　　延安石油化工廠牢固樹立生態環保紅線意識和法制意識，狠抓源頭管控，強化清潔生產，做優末端治理，深化推進治污減污、節能減排、污染防治攻堅、重大環境風險防控等生態環保管控措施，積極響應國家環保減排政策，落實「雙碳」行動，多舉並措，優化資源配置，始終踐行綠色生產的使命。該工廠被列入中國石油和化學工業聯合會公佈的「2022 年度石油和化工行業綠色製造名單」。

　　二是要加快發展綠色、低碳和循環產業。積極發展現代新興綠色產業，如新材料、生物醫藥、信息技術、文化旅遊等，建設一批國家綠色產業示範基地，推動形成開放、協同、高效的創新生態系統。加快培育市場主體，鼓勵設立混合所有制公司，打造一批大型綠色產業集團；引導中小企業聚焦主業增強核心競爭力，培育「專精特新」中小企業。推行合同能源管理、合同節水管理、環境污染第三方治理等模式和以環境治理效果為導向的環境託管服務。進一步放開石油、化工、電力、天然氣等領域節能環保競爭性業務，鼓勵公共機構推行能源託管服務。適時修訂綠色產業指導目錄，引導產業發展方向。

　　三是要加快農業綠色發展。鼓勵發展生態種植、生態養殖，

加強綠色食品、有機農產品認證和管理。發展生態循環農業，提高畜禽糞污資源化利用水平，推進農作物秸秆綜合利用，加強農膜污染治理。強化耕地質量保護與提升，推進退化耕地綜合治理。發展林業循環經濟，實施森林生態標誌產品建設工程。大力推進農業節水，推廣高效節水技術。推行水產健康養殖。實施農藥、獸用抗菌藥使用減量和產地環境淨化行動。依法加強養殖水域灘塗統一規劃。完善相關水域禁漁管理制度。推進農業與旅遊、教育、文化、健康等產業深度融合，加快一二三產業融合發展。

四是要提高服務業的綠色發展水平。促進商貿企業綠色升級，培育一批綠色流通主體。有序發展出行、住宿等領域共享經濟，規範發展閒置資源交易。加快信息服務業綠色轉型，做好大中型數據中心、網絡機房綠色建設和改造，建立綠色運營維護體系。推進會展業綠色發展，指導制定行業相關綠色標準，推動辦展設施循環使用。推動汽修、裝修裝飾等行業使用低揮發性有機物含量原輔材料。倡導酒店、餐飲等行業不主動提供一次性用品。

五是要構建以市場為導向的綠色技術創新體系。實施綠色技術創新攻關行動，圍繞節能環保、清潔生產、清潔能源等領域佈局一批前瞻性、戰略性、顛覆性科技攻關項目。培育建設一批綠色技術國家技術創新中心、國家科技資源共享服務平台等創新基地平台。強化企業創新主體地位，支持企業整合高校、科研院所、產業園區等力量建立市場化運行的綠色技術創新聯合體，鼓勵企業牽頭或參與財政資金支持的綠色技術研發項目、市場導向明確的綠色技術創新項目。

六是要強化綠色生產的法律法規支撐。應推動完善促進綠色設計、強化清潔生產、提高資源利用效率、發展循環經濟、嚴格污染治理、推動綠色產業發展、擴大綠色消費、實行環境信息公開、應對氣候變化等方面法律法規制度。強化執法監督，加大違法行為查處和問責力度，加強行政執法機關與監察機關、司法機關的工作銜接配合。

　　七是採取多種方式吸引和培養綠色人才。推行綠色生產涉及的領域廣、產業多，所需要的人才數量大、類型多，因此需要根據相關綠色人才需求的緊缺程度和培養的難易程度來採取不同的人才培養辦法。一方面要積極推進綠色智庫建設。在高層次人才引進難和培養難的前提下，可以採用靈活聘請和合作引進的方式建設綠色智庫，延攬高層次人才參與到綠色生產的諸多行業中，發揮高層次人才的作用；另一方面要加大綠色人才培養力度。要徹底解決綠色人才不足的問題，必須完善綠色人才培養機制，充分發揮現有高等院校和科研院所的力量，通過專業學習、職業培訓、繼續教育等等方式培養大量的技術人員和科研人員，夯實綠色人才的基礎。

【案例】

蒙牛乳業（齊齊哈爾）有限公司： 乳業企業踐行綠色生產的典型

　　內蒙古蒙牛乳業集團股份有限公司始建於 1999 年，總部位於呼和浩特，是國家農業產業化重點企業和乳製品行業

龍頭企業。2007年，蒙牛集團在黑龍江省齊齊哈爾市投資設立了蒙牛乳業（齊齊哈爾）有限公司，該公司於2010年正式投產，現總投資為5.4億元，生產的乳製品銷往黑龍江、吉林、遼寧、四川、重慶等地區，該工廠自建廠初期和兩次升級改造期間積極推行綠色生產模式，打造了乳業企業的綠色生產典型。

打造綠色化和數字化的生產體系。蒙牛乳業（齊齊哈爾）有限公司於2017年末榮獲黑龍江省數字化車間，其生產設備自動化、數字化設計達到95%以上。在工廠升級改造過程中，該公司積極打造節能環保型企業，從能源管理、水資源管理等方面將構建綠色生產體系和保護生態環境作為公司長期追求的重要目標。該公司先後通過質量管理體系、環境管理體系、職業健康安全管理體系、能源管理體系認證及清潔生產審核，形成了企業自有的「綠色運營管理模式」。同時，該公司還設置了專項環保經費，主要用於環境治理和節能減排項目推動，集中建設了殺菌機冷卻水回收再利用項目、中水回用綠化灌溉項目等。

着力推進節能、減排、增效。該公司利用身處黑龍江的地緣優勢，創新使用了風冷技術實現節能降耗。在每年的12月份至次年的3月份，該公司通過風冷循環系統，利用室外溫度保障生產環節的冷鏈系統，僅這一項就可以降低冬季制冷系統70%的耗電量，大大降低了生產成本。

該公司由於其在踐行綠色生產上的積極努力而被列入工業和信息化部「第五批綠色工廠名單」。

二、倡導綠色生活

在中國特色社會主義進入新時代以來，人們的生活方式也在不斷發生轉變，簡約適度、綠色低碳的生活方式已經成為新時代生態文明建設下的必然選擇，推進綠色生活轉型，也已然成為了生態文明建設和實現美麗中國目標的必由之路。《中共中央關於制定國民經濟和社會發展第十四個五年規劃和二〇三五年遠景目標的建議》明確指出到 2035 年要廣泛形成綠色生產生活方式，中共二十大報告中在論述加快發展方式綠色轉型中也指出要倡導綠色消費，推動形成綠色低碳的生產方式和生活方式。近年來，中共中央高度重視綠色生活方式的形成，推動生態文明的建設和美麗中國目標的實現。如何構建綠色生活方式，促進綠色生活的轉型是當前需要研究的重點議題。實現綠色生活轉型，意味着人民羣眾的生活方式逐步由傳統向現代轉變，即從「高消費、大遺棄」的生活方式轉型到以「可循環、可持續」為特徵的綠色生活方式。綠色生活方式的形成不僅關係到生態文明建設和綠色發展的成效，更與廣大人民羣眾的美好生活需要密切相關。

生活方式對生態環境有着重要的影響。我們在努力克服生產模式對生態環境破壞的同時，往往忽略了生活方式對生態環境的影響，在這其中，生活垃圾氾濫就是最直接的表現之一。據有關部門統計，截至 2020 年，中國城市生活垃圾清運量已高達 23512 萬噸，和「十二五」時期末增長了 22.7%。2021 年，中國快遞業務量已達到 1083 億件，同比增長 29.9%，快遞包裝的氾濫也造成了生活垃圾的猛增。而根據中國目前使用在線訂餐選購外賣的用戶規模，按照每人每天訂購一份外賣來計算的話，則至少要產生

近 2.5 億個餐盒和塑料袋，而這些塑料袋有 15 天的時間就足以覆蓋整個杭州西湖。據有關研究，目前中國電視機社會保有量約為 4 億台，洗衣機約為 1.9 億台，電冰箱約為 1.4 億台，家用電腦 3000 萬台，移動電話用戶突破 3 億，手機的持有量出現了大幅增長的趨勢。這些電器和電子通訊器材更新換代速度不斷加快，每年報廢數量急劇上升，如何處理這些電子元件垃圾也是個嚴重的問題。總之，在社會生活整體富裕水平得到較大提升之後，社會成員粗放式的生活方式對環境的負面影響正在產生，並且呈逐漸擴大的趨勢。這也意味着，我們在重視生產對環境的影響的同時，決不能忽視生活方式對環境帶來的影響。

踐行綠色生活方式是促進新時代生態文明建設的根本要求。生態環境問題說到底是發展方式和生活方式的問題，近年來，中國生態文明建設取得了積極的成效，但整體上來說，生態文明建設的水平仍滯後於經濟和社會發展，經濟發展同生態環境之間的矛盾問題仍然非常突出。綠色生活方式涉及全體人民衣、食、住、行的各個方面，踐行綠色生活方式不僅符合中國生態文明建設的總體理念，還能推廣科學、健康、可持續的生活方式。

踐行綠色生活方式還是滿足人民羣眾日益增長的優美生態環境需要的必然趨勢。隨着經濟社會的發展和人民生活水平的不斷提高，中國社會主要矛盾已經轉化為人民日益增長的美好生活需要和不平衡不充分的發展之間的矛盾，而人民日益增長的美好生活需要就包括廣大人民羣眾在經濟、政治、文化、社會和生態環境等方面的需要。中共二十大報告中論述了中國式現代化是人與自然和諧共生的現代化，踐行綠色生活方式能夠使人轉變以往一味地強調物質財富和奢靡享受的生活追求，回歸到崇尚節儉、適

度、自然的生活方式。

推動實現綠色生活方式轉型需要政府、企業和民眾發揮合力。其中，政府應在推動實現綠色生活方式轉型方面發揮主導作用。政府是生態文明建設的首要責任主體，也是推進綠色生活方式轉型的主導者，對企業和民眾在踐行綠色生活方式方面起着重要的導向作用。具體來說，政府一是應在《民法典》的基礎之上，通過完善相應的規章制度，將推廣綠色生活方式的原則具體化。要注意借鑒發達國家的經驗，制定綠色採購法、特定容器回收法等針對不同細分領域的法律規章制度，使中國綠色生活方式轉型切實做到有法可依、有章可循。同時應擴大對綠色產品的減免稅力度，提升對消費者購買綠色產品與服務的財政補貼額度。加強對企業的環保激勵與優惠政策，提高對企業綠色生產的稅收減免和貸款優惠扶持力度。政府還應完善政府環保治理和綠色生活引領的考核機制，在各級政府和領導幹部政績考核中融入環保治理指標，為綠色生活的轉型提供多維度、全方位的保障機制；二是應提高環境污染治理的力度，為民眾創造整潔的生活環境。綠色生活方式的轉型離不開生態環境的整治，政府要持續推進污染防治攻堅戰，深入落實各項環境治理任務。積極開展城市生活污水和工業污水排放整治問題，加強污染排放的監控。深入推進農村環境的治理，加大環境治理資金投入和農村基礎設施建設，建造生活垃圾的集中處理池，推進生活垃圾的集中密閉處理，建設鄉村收集管網和污水集中處理設施。繼續推進垃圾分類制度，確保在政府的引導下全民參與，為民眾創造整潔的生活環境。三是應擴大綠色生活方式的宣傳力度，提高公眾的環保意識。綠色生活方式的轉型離不開全民的參與，政府要通過多種渠道不斷擴大綠

色生活方式的宣傳力度。首先應藉助發達的網絡媒體，擴大宣傳範圍，如通過電視節目、廣播、學習強國、各類短視頻軟件等宣傳垃圾處理和資源回收利用的技巧與方式；其次，應藉助學校等教育機構，開展綠色生活方式相關的課程、專題講座、展覽、學生社團活動等，提升廣大青少年的環保意識；最後，應藉助村規民約，根據不同地區的特點採用不同的語言和形式，以民眾喜聞樂見的方式傳播綠色生活相關知識，在社會上營造良好的綠色生活氛圍。

其次，企業也應在推動綠色生活方式的形成方面做出貢獻。馬克思曾說過：「人們為了能夠創造歷史，必須能夠生活，但為了生活首先就需要衣、食、住、行以及其他一些東西。」生產方式的轉變是推進綠色生活方式轉型的關鍵點。企業首先應明確和踐行其生態責任，轉變生產動力。企業不應僅追逐經濟效益，還應該兼顧生態環境方面的社會效益，企業應在生態文明建設和推廣綠色生活方式方面承擔其應有的責任。這就要通過整頓內部生產結構，調整產業發展方向，提高綠色生產轉型的能力。同時，充分利用大數據，推進科技創新，建設智慧企業和綠色企業，加快產品和服務的智能創新，在各個生產環節進行全方位的綠色化改造和升級，使綠色、低碳、循環成為企業提高市場競爭力的核心；其次，企業應嚴格把控生產環節，形成綠色供應鏈。企業在構建綠色供應鏈時應將綠色化落實到生產、包裝、回收再加工等各個環節，建立嚴格的綠色產業鏈考核機制。這也就意味着，在企業開展生產的全流程中，無論是原材料的選擇、生產工藝、產品包裝的選用、產品的運輸方式等都要考慮到其對於生態環境的影響，避免產品生產過程中產出的廢料和污水等對民眾的居住環

境造成污染。在產品的生產過程中要加大科技投入，利用科技對生產各個環節進行綠色化改造與升級，在產品供應鏈中整體提升上下游產品和服務的綠色化水平，為綠色生活轉型提供綠色的產品供應鏈；最後，企業應積極為民眾生活提供更多的綠色產品。人們綠色生活方式的轉型必須以健康、環保的綠色產品為依託，綠色產品在構建生態環保的生活方式中發揮着關鍵性作用。企業要順應綠色、健康、生態、環保的時代發展要求和民眾的生活需要，從衣、食、住、行方面研究設計出不同類型的綠色產品，將其融入到人們生活的方方面面。如摒棄使用野生動物皮毛，採用天然的纖維原料生產衣物，杜絕在食品中添加有害化學物質，推行健康科學的食品工藝，同時還應加大科研力度，研發各類新能源汽車等低碳交通工具等，依託人民大眾的生活需要開啟新商機。

【案例】

上海市虹口區嘉興路街道：深化推進垃圾分類

2019 年 1 月，上海市人大表決通過了《上海市生活垃圾管理條例》，上海市由此成為中國第一個立法實施垃圾分類的城市，形成了垃圾分類的上海示範效應。其中，上海市虹口區嘉興路堅持貫徹落實《上海市生活垃圾管理條例》，深入推進社區精細化管理，在首屆長三角公益盛典頒獎儀式上，嘉興路街道的垃圾分類深化推進項目獲評年度公益媒體推薦獎。2018 年 11 月，習近平總書記來到上海市虹口區市民驛站嘉興路街道第一分站，同幾位正在交流社區推廣垃圾分

類做法的年輕人親切交談，在聽到一位年輕人介紹參加公益活動已經是當代青年的新時尚時，習近平總書記強調垃圾分類工作就是新時尚，垃圾綜合處理需要全民參與。

從零起探索實踐，示範小區引領時尚。2018 年，嘉興路街道全面推廣垃圾分類工作，為了全面提升市民的環境保護認知，街道打造了宇泰景苑垃圾分類樣板示範小區。從整體方案制定到入戶宣傳，從技術支持到人文關愛，街道將社區發展與居民生活實際需求充分結合協調。經過兩個多月的努力，嘉興路街道宇泰景苑取得了居民源頭垃圾分類參與率 98%，垃圾分類純淨度接近 100% 的卓越成績，並於 2019 年 7 月率先試行 24 小時開放的無人值守模式。

戰術攻堅突破局面，戰略堅守長效生根。目前，巡查人員每日不定時、全覆蓋檢查嘉興路街道各點位的生活垃圾分類「定時定點」執行情況，協助整改小袋垃圾散落等現象，並通過工作微信羣實時通知相關物業和居委會即查即改、應改盡改，充分調動各方的積極性，建立跨部門、跨單位的溝通和合作平台，通過資源共享，聯動巡查，確保垃圾分類推進工作長效生根。同時，嘉興路街道與社會第三方企業合作，推進垃圾分類「科技＋管理」的統一智能化改造，為轄區所有分類投放點加裝了智能感應攝像頭和語音提醒系統，並開發了應用軟件，打造垃圾分類「智慧大腦」。有了這樣一整套體系，嘉興路街道垃圾分類深化推進項目不僅僅取得了階段性的良好開端，有了戰術突破，同時也有了維持長期效果的可持續化解決方案，保證了長期戰略的堅守。

2023 年 5 月，習近平總書記回信勉勵嘉興路街道垃圾分

類志願者，在肯定了嘉興路街道深化推進垃圾分類方面的工作之後，習近平總書記強調，垃圾分類和資源化利用是個系統工程，需要各方協同發力、精準施策、久久為功，需要廣大城鄉居民積極參與、主動作為。

再次，推廣綠色生活方式，歸根到底還是要實現公眾的全民參與，加快綠色生活方式轉型。綠色生活方式的推廣不能僅停留在政府和企業層面，社會每一位成員的參與才是其中的關鍵所在，這也就意味着，只有當綠色生活方式成為全社會成員廣泛接受的普遍理念和大為推崇的行為習慣，進而轉化為深入人心的生態文化，綠色生活方式轉型才能夠實現。這也就要求着，第一，民眾要提高環保意識，樹立綠色生活理念。理念是行動的先導，要推進綠色生活轉型，就要社會每位成員提高環保意識。民眾應充分認識到人與自然是和諧共生的關係，人開展一切活動必須尊重自然、順應自然、保護自然，而且保護好和呵護好我們的生態環境就是保護好我們自己。民眾要提高自己的環保意識，在生活中多選購綠色產品，養成健康、綠色的生活方式，從自身做起，在日常的衣、食、住、行中貫穿綠色生活理念，同時還應自覺監督和勇於舉報身邊破壞環境的違法行為；第二，公眾要轉變消費方式，推進健康消費形成。隨着社會經濟的發展與生活條件的改善，享樂主義與消費主義之風在民眾中盛行，大家開始追求奢靡的生活，在消費中喜歡講排場。推進綠色生活的轉型必須杜絕攀比炫富、奢侈消費方式和過度包裝的消費行為，樹立綠色的消費理念，形成理性的消費觀念，選擇綠色、環保、低碳的產品，堅持節約適度的消費方式，在日常生活中形成健康的消費方式；第

三，公眾要養成綠色生活習慣，構建綠色生活環境。生活習慣的養成可以說是推動綠色生活方式轉型與推廣的長效機制，人們應積極培養自身的綠色生活習慣，讓綠色生活成為自覺的行動。具體來講，如大家要養成垃圾分類回收、分類處理的良好環保習慣，養成堅持節約用水用電、減少一次性用品的使用、外出購物自備環保袋的勤儉節約良好習慣，養成乘坐公交車、軌道交通等綠色交通工具低碳出行的良好習慣，養成食用有機綠色食品的良好習慣等。

【案例】

「虎哥回收」：開啟垃圾治理新時代

「虎哥回收」是浙江虎哥環境有限公司旗下的生活垃圾分類和生活服務品牌。「虎哥回收」圍繞「數字城市」現代環境治理體系建設，打造「無廢城市」，提供生活垃圾減量化、資源化和無害化服務，建立了「前端收集一站式，循環利用一條鏈，智慧監管一張網」的生活垃圾分類治理全鏈條體系。

分類方法簡單，民眾接受度強，垃圾減量效果顯著。該公司研發了「虎哥回收」手機APP，「虎哥回收」實施的「一站式」收集模式，便於居民操作，短時間內居民參與率即達到80%以上。通過上門回收的方式，把居民投放的生活垃圾按重量支付居民「環保金」，「環保金」可以在網上商城兌換商品，還可以提現。「操作方便、服務周到、居民實惠」的模式將居民的生活垃圾分類積極性從被動變為主動，最終實現

了生活垃圾顯著的減量效果。

分類關口前移，發揮羣眾力量在家裏做好分類。「虎哥回收」模式將專用垃圾袋發放至羣眾家庭，並進行上門指導和利益回饋，實時監控居民的垃圾分類動態，幫助居民形成固定的生活垃圾分類習慣。

實現了精準到戶的生活垃圾分類信息監管。「虎哥回收」通過互聯網和信息技術，將每戶家庭投放的生活垃圾重量和種類通過二維碼掃入系統，實現了生活垃圾從產生、清運到處置再利用的全過程數據鏈，實現了精準到戶的生活垃圾分類信息統計，可以為政府制定相關政策和監管措施提供重要依據，虎哥建立的「個人碳賬戶」還實現了與浙江省「雙碳數智」平台的對接。

當前，「虎哥回收」服務居民超過 20 萬戶，居民垃圾分類參與率達到 80% 以上，生活垃圾減量達到戶均 0.9kg/d，回收垃圾資源化利用率達到 98%，無害化率 100%。「虎哥回收」項目已被列入浙江省實體商業轉型升級試點工程和浙江省循環經濟「991 行動計劃」重點支撐項目。

三、完善體制機制

開展生態文明建設是中華民族偉大復興的重大工程和中國特色社會主義總體佈局的重要內容，也是一個需要在實踐中進行艱辛探索的過程。生態文明建設包含了完善的生態制度、發達的生態經濟、良好的人居環境和先進的生態文化等豐富的內容，是

一個複雜龐大的系統運動過程。對於這樣一個偉大的過程，我們沒有現成的歷史經驗，世界各國也難以提供完整的知識借鑒，因此，在推進生態文明建設時只能採取積極穩健的態度，通過設立完善的體制機制體系，在實踐中摸索，在摸索中實現提升，逐步推動生態文明建設走向深入。進一步說，生態文明及其建設的政治與政策的決策落實，需要一個系統性、複合性的體制。

中共十八大以來，以習近平為核心的中共中央積極推進全面深化改革，不斷加快生態文明頂層設計和制度體系建設，為推進生態文明建設搭建起了牢固的「四樑八柱」。2013 年 11 月，中共十八屆三中全會通過了《中共中央關於全面深化改革若干重大問題的決定》，該決定強調了「建設生態文明，必須建立系統完整的生態文明制度體系。」並從健全自然資源資產產權制度和用途管制制度、劃定生態保護紅線、實行資源有償使用制度和生態補償制度、改革生態環境保護管理體制四個方面作出了具體規定。2015 年 9 月，為了加快建立系統完整的生態文明制度體系，增強生態文明體制改革的系統性、整體性、協同性，中共中央和國務院印發了《生態文明體制改革總體方案》，從五十六個方面論述了加快生態文明體制改革的具體做法。其中，該方案提出開展生態文明體制改革的目標是到 2020 年，構建起由自然資源資產產權制度、國土空間開發保護制度、空間規劃體系、資源總量管理和全面節約制度、資源有償使用和生態補償制度、環境治理體系、環境治理和生態保護市場體系、生態文明績效評價考核和責任追究制度等八項制度構成的產權清晰、多元參與、激勵約束並重、系統完整的生態文明制度體系，推進生態文明領域國家治理體系和治理能力現代化，努力走向社會主義生態文明新時代。2019 年

10 月，中共十九屆四中全會審議通過了《中共中央關於堅持和完善中國特色社會主義制度、推進國家治理體系和治理能力現代化若干重大問題的決定》（以下簡稱《決定》），該決定就堅持和完善生態文明制度體系，促進人與自然和諧共生做了具體論述，要求實行最嚴格的生態環境保護制度、全面建立資源高效利用制度、健全生態保護和修復制度和嚴明生態環境保護責任制度，進一步明確了生態文明制度體系在新時代中國特色社會主義事業和推進國家治理體系和治理能力現代化中的重要地位。

一是實行最嚴格的生態環境保護制度。保護生態環境必須依靠制度、依靠法治。當前，中國生態環境保護中存在的突出問題，大多同體制機制不健全、制度不嚴格、執行不到位和懲處不得力有關。正如習近平所指出的：「只有實行最嚴格的制度、最嚴密的法治，才能為生態文明建設提供可靠保障。」我們必須將制度建設置於生態文明建設中的重要地位，深化生態文明體制改革，推進制度創新，完善制度配套，將生態文明建設納入制度化和法治化的軌道。同時，我們應認識到，制度不僅僅是條條框框，制度的生命力在於執行，應抓好制度的落實關，堅決制止和懲處破壞生態環境的行為，絕不手軟。要通過制度的完善和執行，堅決推進綠色發展，讓良好的生態環境成為滿足人民群眾美好生活需要的增長點和展現中國新時代建設偉大成就的發力點，讓廣大人民群眾真切感受到生態環境改善帶來的良好成果。

還應關注的一點，中國的生態環境保護能否落到實處，關鍵在於各級領導幹部。中國目前出現的一些重大生態環境違法事件，其背後其實都存在着領導幹部不作為、決策失誤或者履職不到位的問題，也有相關部門執法監督不到位的問題。因此，必須

嚴格落實領導幹部生態文明建設責任制，對因盲目決策而造成重大生態環境惡劣影響的當事人必須追責到底。

【案例】

中央生態環境保護督察制度：
推動各部門落實環保責任的硬招

中央生態環境保護督察制度指的是設立專職督察機構，對省、自治區、直轄市黨委和政府，國務院有關部門以及有關中央企業等組織開展生態環境保護督察。開展中央生態環境保護督察，是黨中央、國務院為加強生態環境保護工作採取的一項重大改革舉措和制度安排。相比過去各類督察，中央環保督察背後是中國環境監管模式的重大變革：從生態環境主管部門牽頭到中央主導，代表黨中央、國務院開展環保督察；從以查企業為主轉變為「查督並舉，以督政為主」。

習近平總書記在全國生態環境保護大會上強調：「中央環境保護督察制度建得好、用得好，敢於動真格，不怕得罪人，咬住問題不放鬆，成為推動地方黨委和政府及其相關部門落實生態環境保護責任的硬招實招。」中央生態環境保護督察制度自 2015 年建立實行以來，動真碰硬、攻堅克難，對生態環境違法行為形成強大震懾，推動一批影響重大、久拖不決的難題得到破解，切實解決了一批羣眾身邊的突出生態環境問題。

推進了祁連山生態環境修復和保護工作。祁連山是西北

地區重要的生態安全屏障，1988 年，國務院批准建立甘肅祁連山國家級自然保護區。然而，祁連山自然生態曾因違規過度開發遭到嚴重破壞。在中央生態環境保護督察的推動下，祁連山自然保護區內探採礦項目全部關停退出，對水電站開展分類處置及生態修復，對旅遊項目進行全面整改，核心區生產經營項目全部退出，祁連山生態環境修復和保護工作取得階段性成果。

推動石家莊鋼鐵公司的「騰籠換鳥」。河北省河鋼集團石家莊鋼鐵有限責任公司建於 1957 年，隨着城市不斷發展，該公司曾長期被包圍在石家莊市主城區，排污煙囪與城市發展日益格格不入。石鋼搬遷的議案從 2008 年就開始提出，但是一個幾千人的大廠要整體搬遷談何容易，問題一直拖下來。2018 年，中央生態環境保護督察「回頭看」反饋意見：「石家莊市產業結構調整和重污染企業退城搬遷進展遲緩」。石鋼搬遷成了整改重點項目，河北省和石家莊市下定決心。2020 年 9 月，石鋼主廠區正式停產，騰退出的上千畝土地「騰籠換鳥」。位於井陘礦區工業園區的新廠區於 2020 年 10 月順利投產。

推動霍林河露天煤礦的生態修復。國家電投集團下屬的霍林河煤礦位於內蒙古自治區通遼市境內，是中國第一家現代化露天煤礦，但長時間的露天採煤使該地的生態環境遭受到嚴重的破壞。中央生態環境保護督察組將這一問題作為典型案件公開曝光後，國家電投集團以及通遼市、霍林郭勒市黨委政府均深刻反思，一場由督察整改掀起的「綠色革命」就此展開。霍林河露天煤礦委託中國環境科學院編制了《一

號露天礦排土場生態修復專項治理方案》，採取「工程措施為輔，生物措施為主」的技術路線，以工程措施固形，以生物措施固本，修復植被系統，維持生態平衡。實施「覆土整形、供水系統、水土保持、土壤改良、植被重建以及澆灌系統」六大修復治理工程。如今，霍林河煤礦複墾綠化率提高到 97%、植被覆蓋度由原來的 35% 以下提高到 51.5%，礦山複墾效果初步顯現，生態功能得到恢復。僅用了兩年多時間，霍林河煤礦就成為生態礦山樣板。

二是全面建立資源高效利用制度。《決定》指出，全面建立資源高效利用制度包括，推進自然資源統一確權登記法治化、規範化、標準化、信息化，健全自然資源產權制度，落實資源有償使用制度，實行資源總量管理和全面節約制度；健全資源節約集約循環利用政策體系；普遍實行垃圾分類和資源化利用制度；推進能源革命，構建清潔低碳、安全高效的能源體系；加快建立自然資源統一調查、評價、監測制度，健全自然資源監管體制等。習近平指出：「我們既要綠水青山，也要金山銀山。寧要綠水青山，不要金山銀山，而且綠水青山就是金山銀山。」這是中國現階段重要的發展理念，也是推進美麗中國建設的重要原則。我們要建設和發展的中國式現代化是人與自然和諧共生的現代化，我們既要創造更多物質財富和精神財富以滿足人民日益增長的美好生活需要，也要提供更多優質生態產品以滿足人民日益增長的優美生態環境需要。因此，必須堅持節約優先、保護優先、自然恢復為主的方針，全面建立資源高效利用制度，形成節約資源和保護環境的產業結構、生產方式、生活方式。

三是健全生態保護和修復制度。《決定》指出，健全生態保護和修復制度。其中包括，統籌山水林田湖草一體化保護和修復，加強森林、草原、河流、湖泊、濕地、海洋等自然生態保護；加強對重要生態系統的保護和永續利用，構建以國家公園為主體的自然保護地體系，健全國家公園保護制度；加強長江、黃河等大江大河生態保護和系統治理；開展大規模國土綠化行動，加快水土流失和荒漠化、石漠化綜合治理，保護生物多樣性，築牢生態安全屏障等。山水林田湖草是一個生命共同體。人的命脈在田，田的命脈在水，水的命脈在山，山的命脈在土，土的命脈在林和草，這一生命共同體是人類賴以生存和發展的基礎，因此，我們在進行生態環境保護工作時必須採取系統論的思想和方法，從全局角度尋求治理之道，不能只是「頭痛醫頭」「腳痛醫腳」，而是要堅持統籌兼顧、整體施策的方法，全面提升自然生態系統的穩定性，築牢生態安全屏障。

　　同時，還應進一步劃定並嚴守生態保護紅線、環境質量底線、資源利用上線和生態環境准入清單，即「三線一單」。在生態保護紅線方面，應建立嚴格的管控體系，確保在生態保護紅線內空間的生態功能不降低、面積不減少和性質不改變；在環境質量底線方面，要嚴守底線思維，將生態環境質量只能更好、不能更壞作為底線做法，對生態環境繼續破壞地區必須嚴肅問責；在資源利用上線方面，不僅要考慮當代人的在資源方面的需求，也要考慮後代人的需求和大自然的承載能力。

　　四是嚴明生態環境保護責任制度。《決定》指出，嚴明生態環境保護責任制度。其中包括建立生態文明建設目標評價考核制度，強化環境保護、自然資源管控、節能減排等約束性指標管

理，嚴格落實企業主體責任和政府監管責任；開展領導幹部自然資源資產離任審計；推進生態環境保護綜合行政執法，落實中央生態環境保護督察制度；健全生態環境監測和評價制度，完善生態環境公益訴訟制度，落實生態補償和生態環境損害賠償制度，實行生態環境損害責任終身追究制等。生態環境工作是關係到民生的重大社會問題，同時也是關係到中國共產黨的使命宗旨的重大政治問題，各級領導幹部應切實強化制度意識，帶頭維護制度權威，做制度執行的表率，帶動全社會自覺尊崇制度，嚴格執行制度，堅決維護制度，要認真做到明責知責，履責盡責，追責問責。各相關部門要深入一線，掌握實情，及時發現問題、解決問題，履行好生態環境保護職責，做到守土有責、分工協作、共同發力，合力開創美麗中國建設新局面。

生態環境保護是關係中國共產黨的使命宗旨的重大政治問題，也是關係民生的重大社會問題。中國共產黨歷來高度重視生態環境保護，把節約資源和保護環境確立為基本國策，把可持續發展確立為國家戰略。隨着經濟社會發展和實踐深入，我們對中國特色社會主義總體佈局的認識不斷深化，從當年的「兩個文明」到「三位一體」「四位一體」，再到今天的「五位一體」，這是重大理論和實踐創新，更帶來了發展理念和發展方式的深刻轉變。環境就是民生，青山就是美麗，藍天也是幸福，綠水青山就是金山銀山；保護環境就是保護生產力，改善環境就是發展生產力。在生態環境保護上，一定要樹立大局觀、長遠觀、整體觀，不能因小失大、顧此失彼、寅吃卯糧、急功近利。我們要不斷推進生態文明建設領域治理體系和治理能力現代化，就要在堅持和完善生態文明制度體系上持續用力、久久為功。同時，各級領導幹部

應切實強化制度意識，帶頭維護制度權威，做制度執行的表率，帶動全社會自覺尊崇制度、嚴格執行制度、堅決維護制度。各相關部門要深入一線，掌握實情，及時發現問題、解決問題，履行好生態環境保護職責，做到守土有責、守土盡責，分工協作、共同發力，合力開創美麗中國建設新局面。

【案例】

生態保護補償制度：
保護責任共擔、生態效益共享

生態保護補償制度是一種保護者與受益者之間的利益調配和「綠水青山」轉化為「金山銀山」的平衡機制，通過受益者付費、保護者得利的方式，推動實現經濟社會發展和生態環境保護的共贏。生態保護補償的探索和實踐是加快生態文明建設的重要內容，不僅對經濟社會高質量發展意義重大，也為構建國家生態安全屏障、加強區域合作共治、促進社會穩定貢獻了積極力量。

生態保護補償制度是生態文明制度體系的重要組成部分，2021年5月，習近平總書記主持召開了中央全面深化改革委員會第十九次會議，審議通過了《關於深化生態保護補償制度改革的意見》。2021年9月，中共中央辦公廳、國務院辦公廳正式印發了《關於深化生態保護補償制度改革的意見》，該意見指出生態保護補償制度作為生態文明制度的重要組成部分，是落實生態保護權責、調動各方參與生態保護

積極性、推進生態文明建設的重要手段。

　　贛湘兩省一場沒有輸家「生態對賭」協議。2019 年 7 月，江西省和湖南省簽訂了《淥水流域橫向生態保護補償協議》。根據協議，如果江西注入湖南的水質類別達到或優於國家考核目標Ⅲ類，湖南補償江西；反之，江西補償湖南。2020 年以來，萍鄉市所有國省考地表水監控斷面水質優良率保持 100%，湖南省作為受益方，首輪補償資金陸續兌現。在首輪江西、湖南兩省淥水流域上下游橫向生態補償工作取得良好成效的基礎上，近期，兩省政府簽訂第二輪補償協議，實施期為 2022 年 7 月至 2025 年底。生態保護補償協議是一場沒有輸家的「生態對賭」，必將進一步改善生態環境，呵護好綠水青山。

第六章

建設美麗中國

中共十八大報告中首次提出「努力建設美麗中國，實現中華民族永續發展」，將美麗中國建設確立為中國新時期生態文明建設的主要任務。中共二十大報告在規劃中國全面建成社會主義現代化強國的戰略安排時指出從 2020 年到 2035 年，基本實現社會主義現代化，從 2035 年到本世紀中葉把中國建成富強民主文明和諧美麗的社會主義現代化強國，到 2035 年，中國發展的總體目標就包括廣泛形成綠色生產生活方式，碳排放達峰後穩中有降，生態環境根本好轉，美麗中國目標基本實現。可見，美麗中國建設業已成為社會主義現代化強國建設的重要維度。

　　建設美麗中國是新中國發展史的重要篇章。新中國成立以來，中國共產黨和國家歷屆領導人持續推動生態環境保護事業從無到有並不斷發展壯大。在上世紀 50 年代，毛澤東就指示「一定要把淮河修好」，開始了對中國大江大河水患的根治工作，同一時期，毛澤東向全國發出「綠化祖國」的偉大號召，掀起了實現大地園林化的序幕。1956 年，國務院批准建立了中國第一個自然保護區 —— 鼎湖山自然保護區。20 世紀 70 年代末至 80 年代，保

護環境被寫入憲法，新中國第一部生態環境保護單項法律——《中華人民共和國環境保護法（試行）》頒佈實施。1983 年第二次全國環境保護會議把保護環境確立為基本國策。20 世紀 90 年代，中國將可持續發展確立為國家戰略。進入新世紀，中共中央提出科學發展觀、建設資源節約型環境友好型社會，生態環境保護事業在科學發展中不斷創新。進入中國特色社會主義新時代，以習近平為核心的中共中央以前所未有的力度抓生態文明建設，把生態文明建設擺在中國共產黨和國家工作全局的重要位置。在「五位一體」總體佈局中，生態文明建設是其中一位。在習近平生態文明思想的科學指引下，中國美麗中國建設邁出了重大步伐，中國生態環境保護發生歷史性、轉折性和全局性變化。

具體來講，中國在美麗城市建設、和美鄉村建設、美麗河湖和美麗海灣建設方面取得了突出的成就。城市和鄉村是民眾開展生產生活的載體，但城市與鄉村在經濟社會發展水平、生態環境基礎、居民生活方式上有着較大的差異，因此，在開展美麗城市建設和和美鄉村建設時要因地制宜，結合當地情況制定相應的政策。而江河湖泊與海灣則是中國水環境的重要表徵，中國河流湖泊眾多，流域面積在 1000 平方公里以上的河流有 1500 多條，中國共有湖泊達 24800 多個，其中面積在 1 平方千米以上的天然湖泊就有 2700 多個。而海灣則是中國近岸最具代表性的地理單元之一，中國面積大於 10 平方公里的海灣有 150 多個，其岸線長度約佔大陸岸線總長度的 57%。因此，開展美麗河湖和美麗海灣建設是新時代做好水和海洋生態環境保護工作的根本統領。

一、美麗城市

「建設生態文明，是關係人民福祉、關乎民族未來的長遠大計。」中共十八大以來，中國共產黨和政府把生態文明建設放在更加突出的位置，將生態文明建設融入經濟建設、政治建設、文化建設、社會建設各個方面和全過程，努力建設美麗中國，實現中華民族永續發展。建設美麗中國這一命題的提出，深切回應了人民羣眾對美好生活的新期待，標誌着中國共產黨和政府對經濟社會發展規律的認識達到新高度、新境界。

美麗城市是在美麗中國建設總方針下提出的重要建設構想，與美麗鄉村建設共同承載起美麗中國建設的藍圖。中國現有城市建設的理念和城市建設的水平與廣大人民對於美麗城市的追求還存在着差距。廣大民眾對美麗城市的追求首先體現在生態美與和諧美上。在生態美方面，目前中國城市的基礎面貌大多呈現出千篇一律的特點，有的城市甚至還故意「開山辟水」，破壞了城市原有的生態，使得城市愈加缺少生態化、特色地域文化，不僅造成環境的破壞和資源的浪費，還容易造成民眾的審美疲勞。在和諧美方面，目前，不平衡不充分的發展依然是中國美麗城市建設中影響和諧美的重要問題，不充分是指該城市的生態文明建設與整體經濟社會發展關係不夠緊密，沒有從根本上消除導致生態問題出現的根源，應將美麗城市建設融入到城市整體的發展之中。不平衡是指區域之間發展不平衡，東部沿海地區城市生態環境質量相對較高，中西部地區城市受經濟發展影響和自然基礎問題，生態文明建設相對落後。此外，中國農村開展的廁所革命等建設

雖然取得了一定的成績，在一定程度上改善了民眾的生活，但鄉村的生態文明建設同城市比仍有很大的差距。

在新時代的新征程中，美麗城市建設符合歷史發展潮流和城市化的發展進程，美麗城市建設就是要彰顯城市特色，實現城市中的人與自然和諧共生。在美麗城市建設中，需要協調處理好以下五對關係：

一是在美麗城市建設中，需要協調好「更新」與「更美」的關係。這要求我們在美麗城市建設中要將更新作為更美的目標來處理，實現在更新中追求更美，在更美中追求更新。通過實現城市的更新，把城市的局部美變為整體美、把碎片美變為系統美，實現城市景觀的整體提升。美麗城市建設中的更新與更美是一種良性循環，更新是為了更美，更美是為了更宜居和更有活力，進而不斷促進城市的可持續發展。

二是在美麗城市建設中，需要協調好「硬更新」與「軟更新」的關係。「硬更新」主要是城市硬件方面的提質更新，包括老舊小區改造、廢舊廠區升級等；「軟更新」則包括政府治理理念、管理方式和居民各方面意識的提升等。市民是美麗城市建設與維護的主體，所以加強意識建設和觀念更新至關重要。城市更新是「硬更新」與「軟更新」的有機統一，二者缺一不可；

三是在美麗城市建設中，需要協調好「更新」與「更生」的關係。在城市更新中一定要處理好城市的生產空間、生活空間與生態空間的更新的關係。在城市生態空間的更新方面要做到保綠擴綠，在生產空間方面要實現集約化利用，在生活空間方面要做到整潔宜居。同時還要處理好三者的比例關係，通過城市的生態

空間更新積累城市的自然基礎和生態資本，通過城市的生產空間更新提升市的物質財富與生產資本，通過城市的生活空間更新改善民眾的人居環境質量。

四是在美麗城市建設中，需要協調好「更新」與「更改」的關係。我們應以局部的更新促進城市微觀結構和具體功能的提升，從而進一步提升城市的內涵品質；還應以城市更新促進城市的「更改」，具體包括改變城市職能，改變城市發展主導產業，改變城市空間結構等，實現以更新促進更改，以更改促進城市的可持續發展。

五是在美麗城市建設中，需要協調好「更新」與「更強」的關係。通過城市更新，盤活城市的土地資源、水資源等各種自然資源，實現城市在生態、生產和生活上的功能價值轉換與提升，提高城市空間的利用效率，不斷改善城市的居住環境、營商環境以及文化環境等，使城市變得更強更富、更新更美。

開展美麗城市建設，基礎在於城市規劃風格之美。城市是人工建設起來的聚集性聚落，這種聚落建築在一定的地理環境中，要想追求城市之美首先是要規劃建設好這座城市。城市風格可以說是美麗城市的「外衣」，彰顯着一個城市獨具特色的魅力。城市規劃設計是否合理，決定着這個城市美不美，也決定着城市發展的未來。要做好城市規劃的宏觀設計，既要站在發展的戰略高度規劃城市發展的長遠與全局，又要在佈局細節上善於雕琢。在城市發展的總體規劃上，要強化城市功能區佈局，打造最能體現本城市發展狀況的城市特質。在美麗城市建設的局部設計上，要突出城市的實用性，提升規劃的藝術性和觀賞性，突顯城市各具特色的秩序之美。一個城市要根據本地特有的自然環境和歷史

文化資源基礎，進行城市整體規劃的特色美學設計，包括空間佈局、整體美學特色等。只有完成了城市總體空間的特色把控，才能設計本城市特色的美學系統，並在此基礎上編制本城市的美學設計體系規劃。規劃形成後，用以指導本城市的建設和管理。

開展美麗城市建設，核心在於城市生態環境之美。生態環境之美是美麗城市的「肌體」，只有實現城市生態環境的優美才能更好的滿足人民羣眾日益增長的美好生活需要。現代城市不僅要有發達的產業，完善的城市設施，更要有良好的生態環境，必須堅持「綠水青山就是金山銀山」的重要理念。城鄉環境清潔、優美、舒適，能最大限度地發揮人類的創造力和生產力，並促使城市文明程度不斷提高的穩定、協調與持續發展的自然和人工環境複合系統。生態型城市不僅是經濟發展方式、社會運行方式和市民生活方式的一場深刻變革，更是城市發展方式的一場深刻變革。建設生態城市是建設美麗城市的核心，簡單來說，城市的生態環境之美就是要讓老百姓能夠呼吸到新鮮的空氣，能夠喝到乾淨的水，能夠吃到有機綠色的食品，使老百姓的生活處於生態和健康的環境之中。

【案例】

鹽鹼灘上長出一座生態城

中新天津生態城位於天津濱海新區，這裏曾經是三分之一鹽鹼荒灘、三分之一廢棄鹽田、三分之一污染水面。2008年，中新天津生態城作為中國和新加坡兩國在生態城市建設

領域的重大合作項目得以正式開工建設。15 年來，在開發中保護、在建設中修復、在發展中優化，生態城構建了「湖水—河流—濕地—綠地」複合生態系統。從 31.23 平方公里的鹽鹼荒灘上起步，「長」出了一座綠色新城：建成區由 5.5 平方公里拓展到 22 平方公里，綠化面積從 256 萬平方米發展到 1100 萬平方米，綠色建築比例達 100%，近岸海域優良水質比例達到 100%，獲批國家「綠水青山就是金山銀山」實踐創新基地，2013 年 3 月被國務院批覆為首個國家綠色發展示範區。

2022 年，生態城大氣環境、水環境質量均達到有監測記錄以來最優水平：空氣質量優良天數較 2013 年增長了近一倍，近岸海域優良水質比例從 2016 年的 33% 提升到 100%。依託優美的自然環境和豐富的生態資源，生態城年均接待遊客超過 700 萬人，「美麗資源」正在變成「美麗經濟」。

開展美麗城市建設，根本在於城市人文精神之美。開展美麗城市建設不僅要講究外在生態環境之美，更要講究內在人文精神之美。城市是人類文化發展的重要結晶，是人類文明成果的一種空間性聚集形態，城市文化是人類文明的重要組成部分，城市與文化密不可分，城市是文化的載體，文化是城市的靈魂。我們如今評價一個城市，不僅僅是看其經濟社會的發展水平，更要看其文化底蘊、文化內核和文化價值等。我們甚至可以說對於一個城市來講，文化價值是其根本性的價值。人文底蘊是城市美麗家園的靈魂，是城市內在美的根本，必須做到優雅豐厚。一座城市

還應該有其鮮明的城市精神，城市精神是城市全體市民共同的精神家園，激勵着一代又一代的市民去創新拚搏奮鬥。建設美麗家園，需要澆鑄城市之魂，大力弘揚本城市精神和人文精神，不斷賦予其新的時代發展內涵，並融入市民教育的全過程，推動城市精神植根於全市人民的頭腦和心靈，並使之持續迸發出巨大的正能量。中國的大部分城市都有歷史文化底蘊和資源，截止到 2023年 3 月，目前中國國務院命名了 142 座國家歷史文化名城，並對這些城市的文化遺跡進行了重點保護。在建設美麗城市過程中，要保持和發揚歷史文化名城的特色和個性，把現代城市美和歷史文化美有機地結合起來，打造富有歷史文化底蘊的現代美麗城市。

開展美麗城市建設，關鍵在於城市美學設計之美。開展美麗城市建設，就要學習和尊重美學規律，運用美學手段，重視城市的美學設計，樹立起城市美學的新理念。這就要求政府相關部門要明確城市的美學色彩設計體系，委託具有高度專業水平的部門或機構來處理此事。一個城市的美學色彩體系關乎城市的形象定位，必須通過專業的部門和機構進行研究與審核。既不能與別的城市千篇一律，又不能罔顧民眾的審美習慣和城市的文化底蘊，大搞標新立異。城市的美學設計就是倡導美學在城市設計領域的科學使用，比如城市色彩不能依據城市市長的個人好惡來決定，而是要講求美學原則，並與城市規劃學、城市建築學等相結合，進行綜合研究才能確定。城市的主色調、大型建築物的建築特色、主要功能街區的色調等設計都要與本城市的色彩、美學設計規劃相協調。

【案例】

池州：一池山水，千載詩城

　　池州市是安徽省轄地級市，位於安徽省南部，是長江三角洲中心區城市，池州市別名「秋浦」，於唐武德四年（公元 621 年）設州置府迄今已 1400 餘年，屬皖江文化和徽州文化的交匯處。池州市是長江流域重要的濱江港口城市，皖南國際旅遊文化示範區核心城市，以「名山、秀水、富硒地、好空氣」著稱。池州市還擁有中國四大佛教名山之一、國家重點風景名勝區 —— 九華山以及國家地質公園，國家級自然保護區牯牛降等重要旅遊景點。池州還有「千載詩城」的美譽，南朝昭明太子蕭統曾住池州編著《昭明文選》，成為中國現存最早的一部詩文總集。唐代大詩人李白多次遊覽池州，寫下了數十首動人的詩篇，如「秋浦千重嶺，水車嶺最奇。天傾欲墮石，水拂寄生枝」。同時，白居易、蘇軾、陸游等都曾徜徉於池州的綠水青山之間，留下了諸多傳世詩作。

　　在美麗城市建設方面，池州市首先全力打造全國第一個生態經濟示範區。作為中國第一個國家級生態經濟示範區，生態是池州最大品牌和最大優勢，池州加強多層次、成網絡、功能複合的基本生態網絡建設，充分發揮山地、耕地、林園地、綠地和濕地的綜合生態功能，加強生態保護，創建全國綠化模範城市和國家森林城市，努力營造良好的生態環境。強化生態屏障建設，大力推進城市綠化、山區綠化、平

原綠化、村莊綠化，構築「山區綠屏、平原綠網、城市綠景」的生態屏障。加強生態文明創建工作，構建生態文明創建體系，加強生態縣、綠色社區、生態鄉鎮、生態村建設。大力發展綠色經濟和循環經濟，打造以低碳排放為特徵的產業體系，建設低碳經濟城市；建立低碳型產業結構。推行低碳生活方式，倡導文明、節約、綠色、低碳消費觀念，形成綠色生活方式和消費模式，培育壯大低碳產品的消費市場，推動節約型社會建設。加強環境保護。嚴格落實環境保護目標責任制，堅持預防為主、綜合整治、強化監管，以創建國家環保模範城市為重點，着力解決危害羣眾健康和影響可持續發展的突出環境問題，減少污染物排放，不斷改善城鄉環境質量。2020年，池州市下轄的石台縣被生態環境部命名表彰為國家生態文明建設示范縣。優良的生態環境給池州帶來了新的機遇，好山好水哺育起快速成長的旅遊業，在「五一」和暑假等長假期間，位於石台縣橫渡鎮的怪潭漂流景區平均遊客接待量超過5000人，因其風景優美、遊覽體驗好而被稱為「皖南第一漂」。

如今，池州市把高新技術產業、高端服務業、電子信息首位產業等「兩高一首」產業作為首選，初步形成了現代裝備製造、化工新材料、非金屬新材料、綠色有機農產品加工4大主導產業，以及電子信息、全域旅遊、大健康三大高成長性產業，大興生態經濟，奮力書寫綠色崛起新篇章。

二、和美鄉村

2023 年的中央「一號文件」《中共中央國務院關於做好 2023 年全面推進鄉村振興重點工作的意見》中指出要扎實推進宜居宜業和美鄉村建設，這是中央在中共二十大提出建設宜居宜業和美鄉村之後，作出的最新具體部署。從中共十八大以來提出「美麗鄉村」到中共二十大強調「宜居宜業和美鄉村」，美麗鄉村與和美鄉村，雖然只有一字之變，內涵卻極為豐富。

宜居宜業和美鄉村，是對鄉村現代化內涵和目標的進一步豐富和拓展。中國自古以來崇尚「和」的理念，如追求風和日麗、和衷共濟、和顏悅色、和睦相處等。與美麗鄉村相比，和美鄉村強調鄉村塑形與鑄魂並重，以「和」的理念貫穿始終，滋潤人心、德化人心、凝聚人心，確保農村人心向善、穩定安寧。和美鄉村蘊含着兩層含義，其中，「和」是鄉村發展的內核，「美」則是鄉村發展的外在表現，二者應是辯證統一和相互促進的關係。從「美麗」到「和美」，體現了鄉村發展內涵的進一步豐富，也進一步突顯了打造良好就業創業環境和保留鄉風鄉韻的宜居鄉村的發展目標，反映的是億萬農民對於美好生活的憧憬和期待。

建設宜居宜業和美鄉村，是全面建設社會主義現代化國家的基礎性工程。中共十八大以來，以習近平為核心的中共中央大力推進農村現代化建設，實現了鄉村由表及裏、形神兼備的全面提升。鄉村基礎設施和人居環境明顯改善，基本公共服務深入推進，綜合治理體系不斷完善，精神文明建設全面加強，業興村強、民富人和、美麗宜居、穩定繁榮的和美鄉村現代化圖景漸次鋪展，為推進宜居宜業和美鄉村建設奠定了堅實基礎。但同時，

我們也應注意到，中國在農村基礎設施建設和公共服務水平提升方面還存在着諸多問題，城鄉一體化水平和基本公共服務均等化水平仍有待提高。可以說，全面建設社會主義現代化國家，最艱巨和最繁重的任務仍然在農村。推進農業農村現代化、加快建設農業強國，要緊緊圍繞逐步使農村基本具備現代生活條件這一目標任務，扎實推進鄉村建設行動，改善農村生產生活條件，建設宜居宜業和美鄉村。

建設宜居宜業和美鄉村，要堅持宜居宜業，「塑形」當先，和美鄉村，「鑄魂」為要。 和大型城市相比，鄉村的規模雖小，但卻關乎廣大農民羣眾的衣、食、住、行等諸多方面，鄉村基礎設施建設、公共服務建設是關係到廣大農民羣眾切身利益的重要舉措。建設宜居宜業和美鄉村，在具體做法上，一是逐步提升農村的生活條件。健全規劃引領機制，適應城鄉格局、鄉村形態變化，優先安排既方便生活又促進生產的建設項目。構建鄉村風貌引導機制，把原生態鄉土特點彰顯出來，把現代化生活元素融入進去，留住鄉風鄉韻鄉愁。完善農民參與機制，尊重農民意願，為農民而建，引導農民全程參與鄉村建設。二是加快補齊農村基礎設施和公共服務短板。強化農村公共基礎設施建設，提升農村的基本公共服務能力，通過城鄉公共資源均衡配置機制，對基礎設施和公共服務實行縣鄉村統籌，實現功能銜接互補、資源統籌配置。三是加強和改進鄉村治理。完善中共組織領導下的自治、法治與德治相結合的鄉村治理體系，讓鄉村在飽含活力的同時又有秩序。推動社會治理和服務重心向基層下移，推動鄉鎮賦權擴能。四是深化農村精神文明建設。推進農村現代化發展，不僅要實現農村在物質生活方面的富足，農民的精神生活也要富足。要

着力塑造人心和善、鄰里和諧的鄉村精神風貌，增加富有農趣農味、體現和順和美的鄉村文化產品和服務供給。持續推進農村移風易俗，狠剎不良風氣。

【案例】

安吉縣高家堂村：
在「兩山」藍圖下繪就和美鄉村新畫卷

高堂村位於浙江省湖州市安吉縣山川鄉境內，山川鄉是中國首個鄉域 4A 級景區，轄 9 個村民小組，245 戶，人口 865 人。總面積 700 公頃，境內山清水秀，景色宜人，民風淳樸，是一個竹林資源豐富、自然環境保護良好的浙北山區村。

高家堂村一直認真踐行「綠水青山就是金山銀山」理念，立足村莊內山水田園風光秀美等自然資源優勢，以鄉村振興為目標，圍繞建設和美鄉村這一目標，持之以恆、接力實施，護美綠水青山，做大金山銀山，基本實現了生態美、經濟美、生活美，充分彰顯了「兩山」理念的指導偉力。2009 年至今，高家堂村進入了鄉村旅遊的發展階段。從蝶蘭風情旅遊公司的成立，到海博山莊度假酒店、七星谷景點的建成，吸引了許多休閒觀光的旅遊者和自由行的背包客；東籬農業觀光園、竹煙雨溪、水墨桃林、仙龍峽漂流等項目開展，豐富了旅遊的業態；統籌了村有旅遊資源，委託浙江省相關專家規劃、設計、指導全村美麗鄉村經營格局，形成了「一園一谷一湖一村莊」的旅遊環線；引進投資 11.7 億元成立

了雲上草原景區，企業與村裏融合發展，切實提高高家堂的旅遊品質。這些旅遊元素的注入和配套設施的完善，極大滿足了遊客的需求，高家堂村已成為安吉縣中國美麗鄉村參觀考察的展示平台、遊客體驗鄉村風情的優選地、安吉縣美麗鄉村經營的典範。自 2020 年以來，高家堂村全年接待遊客人數已經超過 110 萬人次。

高家堂村先後獲得「全國文明村」「國家級生態村」「全國美麗宜居示範村」「全國生態文化村」等諸多榮譽，並成功入選「中國美麗鄉村建設十大模式（生態保護型）」。

具體來講，建設和美鄉村需要在「和」字上下深功夫，做大文章。「和」在中國 5000 年文明史乃至世界文明史中都是一個很重要的概念，中國從古至今有着歷史悠久、底蘊深厚的「和」文化，「和」文化博大精深，在中國政治、經濟、社會、文化、生態領域都有着廣泛的體現。在現代社會，「和」的重要本義與包容、和諧、協調、協同、融合、共生等名詞概念均存在內在的聯繫性。建設宜居宜業和美鄉村要注重以下五個方面的「和」。

一是在和美鄉村建設上，要注重城鄉關係發展之「和」。注重城鄉關係之「和」指的是要着力破解城鄉二元體制，實現城鄉居民在公共保障、享受公共服務上面的一體化。針對中國的具體國情，促進城鄉關係發展之「和」尤其應突出以縣城為重要載體，做到縣城在鄉鎮、村等空間上的銜接和融合，推進新型城鎮化的發展。加快建立城鄉公共資源均衡配置機制，推動基本公共服務供給由注重機構行政區域覆蓋向注重常住人口服務覆蓋轉變。聚焦教育、醫療、養老、社會保障等基礎性、兜底性、普惠性公共

服務事項，進一步優化投入、夯實基礎、補齊短板，持續推進城鄉基本公共服務均等化。

二是在和美鄉村建設上，要注重產業發展之「和」。建設宜居宜業和美鄉村，要注重一、二、三產業的融合發展。依託特色農業和生態環境資源優勢，發揮農民特別是大齡農民在農業生產領域的特長，開發農業多種功能，挖掘鄉村多元價值，選準產業發展突破口，發揮三次產業融合的乘數效應，把產業價值留在縣域，帶動農民就地就近就業創業。同時，還應積極落實推進農民返鄉就業創業政策，以人促產。引導高校畢業生和外出務工農民等返鄉入鄉就業，為大學生提供返鄉實習、實踐的機會，制定吸引人才的相關優惠政策，做好返鄉後的生活保障，建立完善留住優秀人才的長效機制，為返鄉農民工提供技能提升、就業創業的相關培訓，向其提供符合自身條件的創業機會。

三是在和美鄉村建設上，要注重經濟發展與生態環境保護二者關係之「和」。鄉村的獨特性在於擁有城市難以具備的山水林田等自然生態，處理好鄉村生態環境保護和經濟發展的關係，是建設好和美鄉村的關鍵。為此，必須堅定「綠水青山就是金山銀山」理念，堅守生態安全紅線與底線，絕不以犧牲環境為代價換取經濟發展；深入實施《農村人居環境整治提升五年行動方案（2021—2025 年）》，堅持「有序推進、分類推進、因地制宜推進」原則，以農村廁所革命、生活污水垃圾治理、村容村貌提升為重點，分區域、分步驟、分階段地開展農村人居環境整治提升行動。持續開展村莊清潔行動，推進鄉村綠化美化，改善村莊公共環境。

四是在和美鄉村建設上，要注重村莊治理之「和」。和美鄉

村必然建立在村莊治理和諧的基礎之上，和諧鄉村社會的主要標誌是村莊治理有效和鄉風文化的和諧。鄉村治理有效是鄉村振興的重要內容，力圖通過鄉村自治、法治和德治的有機融合，實現鄉村的善治。要積極創新多種形式，採取積分制、清單制、數字化、村民理事會等治理方式和載體，引導農民全程參與宜居宜業和美鄉村建設。強化穩定平安，持續深化農村掃黑除惡鬥爭，推進更高水平的平安法治鄉村建設，構建一站式多元化矛盾糾紛化解機制，切實維護農村社會平安穩定。

五是在和美鄉村建設上，要注重公共服務之「和」。 建設和美鄉村不僅要實現城鄉公共保障的一體化，而且必須高度重視鄉村公共服務體系的建構，主要包括人居環境設施、公共服務設施的建設以及相關制度體系的建構等，公共設施主要包括如村鎮道路交通、水電網絡、垃圾處理、養老中心等鄉村公共設施的佈局與建設，相關制度的建設則主要涉及上述公共設施的有效使用、營運與管護的體系建構。必須健全鄉村公共設施的管理制度，完善鄉村公共設施的空間佈局，提高鄉村公共服務效率。加強村級綜合服務設施建設，全面梳理和公開公共服務事項目錄，制定村級公共服務事項清單及代辦政務服務事項清單，優化公共服務職能，創新服務方式，依法簡化行政執法辦事流程。

【案例】

河南省孟津縣平樂村：中國牡丹畫第一村

平樂村位於河南省洛陽市孟津縣，地處漢魏故城遺址，南臨「千年古剎」白馬寺，距洛陽市 10 公里，交通便利，

地理位置優越。全村43個村民小組，6473口人，耕地面積9400畝，村莊佔地面積3300畝。是物華天寶，人傑地靈的一方聖地，素有「金平樂」「小洛陽」之美稱。

平樂村共有1000多人從事牡丹畫產業，村民中共有100餘個牡丹畫專業戶和300餘名書畫愛好者，其中省、市、縣畫家協會會員20多名，年創作生產牡丹畫10萬餘幅，實現銷售收入900餘萬，被譽為「中國牡丹畫第一村」。

平樂村充分利用洛陽牡丹在全國的知名度與社會影響力，發揮自身優勢，明確發展目標，採取多種措施，拓展銷售渠道，把平樂村打造成中國牡丹畫產業發展中心，建成全國最大的生產銷售牡丹畫基地，實現平樂牡丹畫經濟效益和社會效益的雙豐收。近年來，平樂村按照「有名氣、有特色、有依託、有基礎」的四有標準，利用資源優勢，以牡丹畫產業發展為龍頭，擴大鄉村旅遊產業規模，不僅增加了農民收入，也壯大了村級集體經濟，探索出了一條新時期依靠文化產業建設美麗鄉村的發展模式。以牡丹書畫產業為核心，形成了書畫、裝裱一條龍服務體系。農民創作的書畫作品除了在當地銷售，部分還在山東、陝西、山西等地的旅遊精品商店銷售，有些還被日本、美國、東南亞各國書畫愛好者收藏。

平樂村依託洛陽牡丹的文化優勢，深度挖掘傳統繪畫文化資源，走出了一條頗具地方特色的「平樂牡丹畫」產業之路，被國家文化部、民政部命名為「文化藝術之鄉」。

三、美麗河湖

美麗河湖是美麗中國在水生態環境領域的集中體現和重要載體。《中共中央國務院關於深入打好污染防治攻堅戰的意見》明確指出在「十四五」時期，中國要「建成一批具有全國示範價值的美麗河湖」。「十四五」時期是開啟全面建設社會主義現代化國家新征程、譜寫美麗中國建設新篇章、向第二個百年奮鬥目標進軍的起步開局時期，是水生態環境領域由污染治理向水生態系統保護轉變的關鍵時期。積極開展美麗河湖有助於為中國實現美麗中國建設目標提供重要的支撐。

開展美麗河湖保護與建設具有重要意義。一是美麗河湖是美麗中國建設的重要載體。美麗中國在生態環境領域的表現是具備天藍、地綠、水清的優美生態環境，人民能夠享受到藍天白雲、繁星閃爍、綠水青山等優美生態環境。水是環境要素的重要組成部分，而河湖則是水的重要表現形式。二是美麗河湖為人民羣眾提供良好水生態產品。中國社會主要矛盾是人民日益增長的美好生活需要和不平衡不充分的發展之間的矛盾。美麗河湖是眾多老百姓身邊的良好水生態產品，順應老百姓對「綠水青山」的期盼和需要。

開展美麗河湖建設，重點在於理清「美麗」的現實要求。2021 年 3 月，生態環境部下發了《關於開展 2021 年美麗河湖、美麗海灣優秀案例徵集活動的通知》，在該通知中，生態環境部對美麗河湖做出了具體規定。美麗河湖在水資源方面要確保河湖生態流量（水位）得到保障，具有穩定的補給水源（含再生水），

水的流動性較好（或水文過程與當地自然條件契合度高），穩定實現「有河有水」。在水生態方面，河湖水生態系統良好，河湖水域及其緩衝帶生態環境功能得到維持或恢復，水生植被覆蓋率達到適宜水平，生物多樣性得到有效保護，穩定實現「有魚有草」。在水環境方面，河湖水環境優美，河湖流域各類污染物排放得到有效控制，河湖水質實現根本好轉或水質穩定達到優良，能夠持續滿足人民羣眾景觀、休閒、垂釣、游泳等親水需求，公眾的獲得感、幸福感明顯提升，穩定實現「人水和諧」。

更具體的說，一是美麗河湖建設要有河有水。河流是指由一定區域內地表水和地下水補給，經常或間歇地沿着狹長凹地流動的水流；湖泊是指陸地上窪地積水形成的水域寬闊、水量交換相對緩慢的水體。從概念可知，河湖的基本條件是有水且流動或維持一定水位，因此美麗河湖必須保持有穩定的水源補給；二是美麗河湖建設要有魚有草。水生態系統包括水環境和水生生物羣落，具有特定的結構和功能。水生態系統中只有具有完整的生物鏈，才能實現水體的健康，維持水體的自淨，因此，美麗河湖建設必須在水生態系統方面保持良好的生物多樣性。形成良好的生態系統；三是美麗河湖建設要人水和諧。美麗河湖保護與建設的最終目的是為人民羣眾提供優美生態產品，滿足人民羣眾的親水需求。而優良的水質是民眾親水的前提，因此，開展美麗河湖建設必須在水環境質量方面實現根本性好轉，能夠持續滿足人民羣眾觀景、休閒、垂釣、游泳等親水需求，使人民羣眾在水環境上獲得實實在在的幸福感。

【案例】

馬踏湖：從「工業鏽帶」到「北國江南」

　　馬踏湖是魯中地區重要的多功能湖泊濕地系統，地處人口密集的北方缺水重化工城市山東省淄博市。上世紀後期，流域內高強度工業化、城鎮化開發活動，嚴重污染 3 條主要入湖河流—孝婦河、豬龍河、烏河，湖水化學需氧量濃度一度高達上千毫克／升，是地表水 V 類標準的 25 倍。為避免來水污染，3 條入湖河流被截流改道，流域內大規模開發建設「工業鏽帶」，馬踏湖失去了穩定的水源補給，加之大面積圍湖造田，湖區面積逐步萎縮，最終減至不足 20 平方公里，湖泊生態功能喪失殆盡。

　　為恢復馬踏湖生態環境，2008 年以來，當地立足北方缺水地域特點，堅定不移的落實「治保用」流域治污策略，深入打好水污染防治攻堅戰。首先，深入「治」，實施全流域綜合治理。嚴守「只能更好，不能變壞」的水環境質量底線，通過分階段逐步加嚴的地方水污染排放標準，促進造紙、化工、農藥等高污染行業科技創新，突破治污瓶頸。讓達標無望的「小散亂」企業逐步自動退出市場，先進企業則直接瞄準最嚴格的環境標準增強環境競爭力，有效解決了結構性污染問題。目前直排企業和污水處理廠在排污口均設置「生物指示池」，確保出口排水達到「常見魚類穩定生長」的治污水平，並接受社會各界監督。其次，完善「保」，通過生態

保護與修復，提升流域環境承載力。在污水處理廠下游、孝婦河、豬龍河和烏河等河流河道及入湖口建設 14000 餘畝人工濕地水質淨化工程，在此基礎上恢復了三條入湖河流的歷史走向，馬踏湖重獲穩定的水源補給；同時治理河道 130 公里，在沿河兩側打造水清岸綠的生態廊道，實現入湖水質達到地表水Ⅲ類標準；實施馬踏湖生態蓄水工程，增加 2200 萬方的湖區蓄水量，在涵養水源、地下水位回升、防洪排澇、水資源綜合利用方面均發揮了重要作用。最後，突出「用」，實現區域再生水循環利用，減少廢水排放。將再生水、雨水、礦坑水等納入水資源統一配置，構建企業和區域再生水循環利用體系。一是加強資源節約和循環利用，以技術研發帶動企業可持續發展，走出一條可持續發展的新型工業化之路。二是打造三橫五縱二湖六濕地生態水系，通過河湖聯通實現區域再生水循環利用，生產生活污水處理達標後再經過人工濕地生態淨化用於縣內馬踏湖、紅蓮湖補源，累計補水近 7000 萬立方米。三是建立長效機制，2017 年出台再生水利用支持政策，明確規定使用再生水免繳水資源費。2018 年修訂《淄博市節約用水辦法》，大力建設再生水設施。

在區域工業快速發展的背景下，應用「治保用」系統治污策略，實現了高質量發展和高水平保護的統籌推進。經過綜合治理，2018 年以來馬踏湖流域水環境質量得到明顯好轉，湖體水質穩定達到Ⅲ類，化學需氧量由 1000mg/L 下降到 20mg/L，近六年地下水埋深水位抬升 5.2 米，湖泊蓄水能力從 300 萬增加到 2500 萬方，入湖河流烏河、豬龍河出現多年未見的苲草，湖區野生動植物特別是濕地鳥類物種和數

量明顯增加，流域水生態環境實現重大轉折。馬踏湖恢復了河流歷史走向和「明晃晃」的大水面，讓老百姓記憶中的美好景象回到現實中來。

　　馬踏湖流域打造淄博版「治保用」系統治污體系，有效地破解了工業化、城鎮化過程中導致的嚴重水污染問題，其經驗做法對人口密集的北方缺水工業城市解決流域污染問題具有借鑒意義。「治」必須算大賬、算長遠賬、算整體賬、算綜合賬，必須樹立系統思維，不能頭痛醫頭、腳痛醫腳。必須樹立「一盤棋」思想，做到共治共建共享，突出標準倒逼作用，促進產業自主調整，企業提升治污能力。「保」必須統籌做好減排降污的「減法」和生態修復的「加法」。在入湖河流不同區段建設不同類型的人工濕地和生態修復工程，增加環境承載力。必須建立長效機制，走出「反覆治、治反覆」怪圈。「用」必須構建企業和區域再生水循環利用體系，提高廢水回用率，減少污染物排放，有效提升水資源綜合利用水平。

　　推進美麗河湖建設具體包括以下三個方面的路徑。**一是實施清單化管理的原則，有序推進美麗河湖建設。**我們應以建成美麗河湖為總目標，以國家規定的美麗河湖參考指標為指引，國家層面以國控、省控斷面所在的河湖為對象，以斷面責任地市為主體，開展美麗河湖保護與建設，各地應根據國家要求，分級推進美麗河湖保護與建設，落實生態環境、自然資源、水利、農業農村等相關部門的分工和責任，優先以國控、省控斷面所在河湖和老百姓身邊關注度高的河湖重點，研究分階段的目標和任務要

求，確保 2035 年前美麗河湖基本建成。

二是堅持因地制宜的原則，精準實施「一河（湖）一策」。各河湖水生態環境問題及成因千差萬別，要按照各河湖的具體問題探究具體的解決思路，針對重點、難點、痛點問題，深入剖析問題根源，因地制宜實施水資源保障、水生態修復、水環境治理等措施。對於應重點加以保護的河湖，要要優先清理整治與水源涵養區等主導功能不相符的生產與生活活動，按照保護優先、自然恢復為主的原則，結合水生態受損情況和現實條件，開展水源涵養區建設；對於應重點加以治理的河湖，要優先考慮控源減污，結合黑臭水體治理等，統籌實施排污口整治等，補齊污染治理短板。

三是堅持生態融合的原則，積極探索美麗河湖轉化為「金山銀山」的有效途徑。美麗河湖建設也要堅持「綠水青山就是金山銀山」的重要理念，要努力實現「綠水青山」和「金山銀山」的雙贏。首先要提升綠色發展水平，以美麗河湖生態優勢獲取社會效益。應積極立足河湖所在區域的地理優勢和自然資源稟賦，推進工業企業的生態化轉型，因地制宜發展生態農業等綠色產業，實施生態環境導向的開發模式，形成節約資源和保護環境的產業結構，保障河湖持續性的「美麗」；其次要建立長效管理機制，實現以「金山銀山」反哺「綠水青山」。綜合運用聯防聯控、生態補償等行政和經濟手段，創新生態產品價值實現的體制機制，建立綠色生產和綠色消費的政策導向，通過長效機制實現美麗河湖保護與建設和「金山銀山」相互支撐與螺旋式上升。

【案例】

新安江：積極探索跨省生態補償

　　新安江發源於安徽黃山，平均出境水量佔下游浙江千島湖入庫水量的 68% 以上。本世紀初，黃山進入工業化、城鎮化加速發展的階段，大量污水和垃圾通過新安江進入千島湖，2010 年左右水質富營養化趨勢明顯。千島湖是深水湖泊，湖體流速分佈梯度不明顯，自淨能力弱，一旦富營養化加劇將很難治理，流域生態安全面臨嚴峻挑戰。

　　為保護新安江流域水生態環境，皖浙兩省高位推動，以生態保護補償機制為核心，把保護流域生態環境作為首要任務，積極推進流域上下游協同共治，探索了綠水青山向金山銀山轉化的有效路徑。一是建立權責清晰的流域橫向補償機制框架。2012 年，全國首個跨省生態保護補償試點在新安江流域啟動實施。皖浙兩省制定並出台《新安江流域水環境補償試點實施方案》《關於加快建立流域上下游橫向生態保護補償機制的指導意見》等政策文件，統一思想理念，明確細化責任，突出新安江水質改善結果導向，為試點的高效實施和整體推進提供了政策保障。二是加強流域上下游共建共享，打造合作共治平台。共編規劃，強化精準保護；共設點位，強化信息共享；共建平台，強化保護合作；共謀合作，強化區域協同發展。三是實施新安江流域山水林田湖草系統保護治理，集中力量攻堅農業面源污染、城鄉生活污染、船舶污

染、園區產業污染。針對農業面源污染這一突出問題，黃山市在採取統一採購、統一管理、統一回收等「七統一」農藥集中配送模式，扎實推進化肥農藥替代、畜禽規模養殖提升，試點以來關閉搬遷124家禁養區規模畜禽養殖場、292家規模養殖場配套糞污處理設施。四是創新流域保護治理體制機制。安徽省把新安江綜合治理作為生態強省建設的重要任務，對黃山的考核指標調整至側重於生態保護，引導地方黨委政府科學發展。五是深入推動新安江流域綠色發展。充分挖掘黃山市生態、文化等特色優勢資源，初步建立特色鮮明的綠色產業體系，積極探索綠水青山向金山銀山轉化的有效路徑。黃山市着力做好「茶」文章，推進茶葉種植生態化、加工清潔化改造，茶葉產值達30多億元；着力做活「水」文章，山泉流水養魚產業綜合產值約4億元，實現了「草魚變金魚」，探索了山區精準脫貧新路子。

新安江流域總體水質為優，自2012年補償機制實施以來，2012—2020年跨省界斷面水質穩定達到Ⅱ類，連續9年達到補償考核要求。每年向千島湖輸送60多億立方米潔淨水，千島湖總體保持地表水Ⅰ類標準，實現了以生態保護補償為紐帶促進流域上下游協同治理的目的。全國後續多個跨省流域橫向生態保護補償均借鑒了新安江模式，並取得良好效果。

作為全國首個跨省生態保護補償試點，皖浙兩省不斷統一思想、深化認識，以建立健全新安江流域生態保護補償機制為核心，以流域水生態環境保護作為首要任務，以綠色發展為路徑，以互利共贏為目標，以體制機制建設為保障，探

索了一條綠水青山變成金山銀山的有效路徑。新安江模式可為流域上下游構建橫向生態保護補償機制，協力推進流域保護與治理提供借鑒。

四、美麗海灣

海灣是沿海地區經濟發展的高地、生態保護的重地、親海戲水的勝地，是推動海洋生態環境持續改善的關鍵地理單元。2022年1月，生態環境部等6部門聯合印發的《「十四五」海洋生態環境保護規劃》中指出，在「十四五」期間，中國要着力推進海灣生態環境綜合治理和美麗海灣建設，到2035年，80%以上的大中型海灣要基本建成「水清灘淨、魚鷗翔集、人海和諧」的美麗海灣。美麗海灣建設逐漸成為海洋生態環境保護的重要內容和目標。

美麗海灣不僅僅是一個靜態的概念，而且是一個動態的過程，具有豐富的內涵。結合近岸海域的特點和海洋生態環境保護的要求，美麗海灣是指根據海灣自然環境和社會經濟特徵，劃出一定範圍的近岸海域。通過分析海洋生態環境壓力，監測海洋生態環境質量現狀，確定海洋生態環境保護目標，在此基礎上提出海洋生態環境保護對策措施並付諸實施，最終建成「水清灘淨、魚鷗翔集、人海和諧」的近岸海域。美麗海灣是美麗中國的重要組成部分，是在美麗中國大背景下提出的、針對近岸海域的生態環境保護、治理與修復的新的生態環境保護與治理方案，是新時代生態文明建設的重要支撐。按照生態環境部發佈的《關於開展

2021年美麗河湖、美麗海灣優秀案例徵集活動的通知》中的要求，美麗海灣建設要實現以下三個方面的目標：一是海灣環境質量良好。灣內各類入海污染源排放得到有效控制，海水水質優良或穩定達到水質改善目標要求，海岸、海灘長期保持潔淨，海灘垃圾、海漂垃圾得到有效管控，穩定實現「水清灘淨」；二是海灣生態系統健康。海灣自然岸線、濱海濕地、典型海洋生境和生物多樣性得到有效保護，海灣生態服務功能得到維持或恢復，穩定實現「魚鷗翔集」；三是親海環境品質優良。海灣生態環境優美，公眾親海空間充足，海水浴場和濱海旅遊度假區等環境質量優良，能夠持續滿足人民群眾景觀、休閒、趕海、戲水等親海需求，穩定實現「人海和諧」。

【案例】

秦皇島北戴河：沙細灣淨的消暑聖地

秦皇島灣北戴河段是以砂質岸線為主的海灣，岸線長度約68公里，海域面積約617平方公里，具有「沙軟潮平、紅頂素牆、海鳥啁啾」的優美濱海生態景觀，是中外聞名的消暑度假勝地。

治理成效：一是強化陸海污染聯防聯控，實施13條入海河流污染治理和水系連通工程，深入實施農業面源和固定污染源治理，推進城市管網截污納管、雨污分流改造工程，清退沿岸筏式海水養殖面積34524畝，2021年近岸海域5個國控監測點位年均水質監測結果保持為一類。二是積極實施

濱海濕地保護修復，推進北戴河國家濕地公園、北戴河國家級海洋公園保護與建設，實施新河口濕地修復工程，修復濕地面積150公頃，濕地鳥類數量增加至412種。三是加強公眾親海區綜合整治修復，採用「沙丘—海灘—沙壩—潛堤」等創新技術累計修復侵蝕岸線10公里、親海沙灘面積增加60公頃，建立健全河道漂浮垃圾清理和「海上環衛」保潔機制，加強海水浴場環境安全保障，親海區域生態環境品質優良，每年接待國內外遊客600萬人次以上。

長效機制：一是打造北戴河近岸海域生態環境立體動態監測網，充分利用船舶走航監測、衛星遙感監測、浮標和岸基站在線連續監測、視頻監視監控等多技術手段，大幅提升對近岸海域生態環境的精細化、動態化監測監控水平。二是建立常態化巡查監管機制，嚴格落實片區、岸灘、浴場、漁港、河口等屬地管理職責，實施岸灘和近岸海域的常態化巡查監管，確保海灣生態環境治得好、管得住。三是提升智慧化決策監管和應急響應水平，建立海洋大數據平台，實施近岸海域生態環境監管的智慧化輔助決策，及時發現可能存在的問題和海洋生態環境風險，定期開展海洋生態災害和環境突發事件應急響應演練，及時發佈海洋生態環境信息，確保公眾用海健康安全。

經驗總結：一是堅持環保為民，高標準實施陸海污染防治和生態保護修復，海灣生態環境質量和公眾親海品質長期保持優良，有力保障人民群眾臨海親海的獲得感和幸福感。二是堅持治理與監管並重，充分利用高新技術手段，實現對

近岸海域生態環境的精細化動態化監測監控、常態化智慧化巡查監管，全方位提升海洋生態環境風險防範能力，有力保障公眾用海健康安全。三是海灣生態環境綜合治理和長效監管的體制機制較為健全，具備穩定的財政資金保障和有效的科技支撐保障等，有力支撐精準治污、科學治污和依法治污。

在具體開展美麗海灣建設時，需要制定適宜的現實可行的行動框架，具體包括以下幾點：

一是建立跨部門和跨區域的協調機制。美麗海灣建設需要多部門的統籌協調，既涉及生態環境管理部門，也涉及自然資源管理部門、農業管理部門、工業管理部門、市政園林管理部門等，因此需要建立跨部門的協調機制或協調機構，進行統一協調和管理。海灣的涉及面積比較大，因此，當美麗海灣建設需要涉及跨區域問題時，還應建立跨區域協調處理的機構或機制，以對各地區的海洋生態保護行動進行統一部署、指導和協調。

二是選定合適的區域。選劃合適的海域範圍對於美麗海灣的建設十分必要。美麗海灣建設區域的選劃既要注重自然地理和生態系統的完整性，也要考慮行政區劃的完整性。可以選擇人類經濟社會活動較多、污染較嚴重的海灣區域進行污染的治理與防控，也可以選擇具有典型生態系統和珍稀瀕危野生動物的區域進行生物多樣性的保護等。

三是做好資金保障和監督。資金是美麗海灣能否順利實施的關鍵。在美麗海灣建設的初期，應按照需求制定專門的資金籌措與監督管理辦法，同時設立生態環境基金會或委託專業的財務管

理部門，負責資金的後續管理。政府部門應根據自身的財政能力提供專項資金用於美麗海灣建設，作為美麗海灣建設最基本的資金來源；也可以通過生態環境基金會，接納社會捐款。

四是做好生態環境監測與評價。做好海灣的生態環境監測可以更好的了解清楚海域生態環境的基本狀況，發現海域的生態環境問題，了解海域生態系統的情況，為海域的生態環境治理和生物多樣性保護提供本底資料。在實施生態環境治理措施之後，也需要進行生態環境監測，以便對生態環境保護與治理的成效進行評估。當然，在監測的基礎上，還需要建立合適的評估方法，以便對海域生態環境狀況進行適宜的評估與判斷。

五是廣泛發動社會力量參與美麗海灣建設。政府資金和資源的投入是美麗海灣建設的主要力量，但是發動社會力量，投入社會資本同樣非常重要。美麗海灣建設成果的最大受益者是廣大人民羣眾，應在美麗海灣建設初期進行廣泛的宣傳，將美麗海灣建設最終目標和正面效應傳遞給公眾，取得他們的支持。以國家生態環境部開展的 2021 年美麗海灣優秀案例徵集活動為例，經評選，全國 11 個省市的共 39 個海灣入圍優秀案例，生態環境部等相關部門對優秀案例進行了大範圍的宣傳與展播，深化了民眾對於美麗海灣建設的認識。在海灣治理的過程中，可以將面臨的困難和取得的成績及時報道，讓公眾第一時間了解相關進展。在資金方面，應積極吸納社會資本進入美麗海灣建設過程，對政府資金進行有益的補充，同時也應注意讓社會資本獲得一些合適的、有益的回報。

【案例】

鹽城市東台條子泥：鷗鷺雲集的鳥類天堂

江蘇省鹽城市東台條子泥岸段位於蘇北淺灘，總面積約50萬畝，擁有世界上面積最大的輻射沙脊群，分佈有漫長的淤泥質海灘和鹽蒿地，是中國首個濱海濕地類世界自然遺產的核心區，也是東亞——澳大利西亞候鳥遷徙路線上的關鍵區，每年吸引「鳥中大熊貓」——勺嘴鷸等全球千万隻候鳥到此棲息換羽。

治理成效：一是加強入海河流綜合治理，開展東台河疏浚34.05公里，新建坡式護岸14.86公里，提高流域供水能力，改善流域水環境，2021年周邊海域國控點位水質年均值為三類。二是嚴格保護鳥類棲息地，設立條子泥濕地公園，制定《鹽城市黃海濕地保護條例》，實施720畝高潮位棲息地修復工程，開展微地形改造、濕地修復，保護修復濱海水鳥棲息地，觀測到的鳥類數量較上一年增加3万隻，種群新增22種，「以恢復鳥類棲息地為目標的基於自然解決方案——鹽城黃海濕地遺產地生態修復案例」案例在2021年「生物多樣性100+案例」全球徵集活動中被評為特別推薦案例。三是便利公眾親海觀鳥，建立日常整治機制，為觀鳥愛好者提供指定的觀鳥點位，並引領和指導公眾觀鳥活動有序開展，2019、2020年分別有66.3、99.7萬人次遊客。

長效機制：一是建立東台市海岸帶生態環境網格化管理制度，明確了沿海各單位的生態環境保護與監管責任。二是

建立常態化的岸灘和海漂垃圾清理機制，確保海灘常態化保持清潔狀態。三是建立健全科普宣教機制，舉辦了條子泥勺嘴鷸保護論壇，開展科普大講堂、科普宣傳教育等活動，舉辦漁民號子、「觀鳥週」、「濕地息壤、飛鳥天堂」主題詩文徵集、條子泥濕地鳥類保護宣傳月。

經驗總結：針對重要而獨特的濱海濕地，通過申報世界遺產、地方立法、設立公園等方式予以嚴格保護，利用文化引領、科普宣傳、品牌打造等方式營造全民保護的良好氛圍，形成了以生態為核心的保護發展方式。

第七章

共建美麗地球家園

促進綠色發展、建設生態文明是全人類的共同事業。中國始終是全球生態文明建設的重要參與者、貢獻者和引領者，堅定維護多邊主義，積極參與打造利益共生、權利共享、責任共擔的全球生態治理格局，為人類可持續發展做出了重要貢獻。

　　中國積極參與全球氣候治理。中國堅持公平原則、共同但有區別的責任原則和各自能力原則，堅定落實《聯合國氣候變化框架公約》，以積極建設性姿態參與全球氣候談判議程，為《巴黎協定》達成和落實做出歷史性貢獻，推動構建公平合理、合作共贏的全球氣候治理體系。提高國家自主貢獻力度，將完成全球最高碳排放強度降幅，用全球歷史上最短時間實現碳達峰到碳中和，充分體現負責任大國的擔當。

　　中國還積極推進共建綠色「一帶一路」。中國始終致力於推進共建「一帶一路」綠色發展，讓綠色切實成為共建「一帶一路」的底色。積極推動建立共建「一帶一路」綠色低碳發展合作機制，與聯合國環境規劃署簽署《關於建設綠色「一帶一路」的諒解備忘錄》，與有關國家及國際組織簽署 50 多份生態環境保護合作文件。與 31 個共建國家共同發起「一帶一路」綠色發展夥伴關係倡議，與 32 個共建國家共同建立「一帶一路」能源合作夥伴關係。

發起建立「一帶一路」綠色發展國際聯盟，成立「一帶一路」綠色發展國際研究院，建設「一帶一路」生態環保大數據服務平台，幫助共建國家提高環境治理能力、增進民生福祉。

中國還廣泛開展生態環境領域的雙多邊國際合作。中國積極推進資源節約和生態環境保護領域務實合作。成功舉辦《生物多樣性公約》第十五次締約方大會第一階段會議，以及《濕地公約》第十四屆締約方大會。積極參與二十國集團、中國—東盟、東盟—中日韓、東亞峰會、中非合作論壇、金磚國家、上海合作組織、亞太經合組織等框架下能源轉型、能效提升等方面合作，牽頭制定《二十國集團能效引領計劃》，成為二十國集團領導人杭州峰會重要成果。落實全球發展倡議，推動建立全球清潔能源合作夥伴關係。同時，與印度、巴西、南非、美國、日本、德國、法國、東盟等多個國家和地區開展節能環保、清潔能源、應對氣候變化、生物多樣性保護、荒漠化防治、海洋和森林資源保護等合作。

一、積極參與全球氣候治理

中共二十大報告就「推動綠色發展，促進人與自然和諧共生」作出重要部署，強調要積極參與應對氣候變化全球治理。生態環境是人類生存和發展的根基，地球是一個生命共同體，保持良好生態環境是全球各國人民的共同心願。2021 年底，習近平向《聯合國氣候變化框架公約》第二十六次締約方大會世界領導人峰會發表書面致辭時指出，氣候變化不利影響日益顯現，全球行動緊

迫性持續上升。如何應對氣候變化、推動世界經濟復甦，是我們面臨的時代課題。

中國之所以要積極參與全球氣候治理，首先在於應對氣候變化是全人類的共同事業。 氣候變化是全球性問題，任何一國都無法超然於事外，應對氣候變化是全人類的共同事業。各國唯有團結合作，一起面向未來，才能有效加以應對。氣候變化帶給人類的挑戰是現實的、嚴峻的、長遠的，現有科學認識已進一步意識到氣候危機的嚴峻性和緊迫性。在 2019 年聯合國氣候變化大會上，政府間氣候變化專門委員會（IPCC）主席在大會致辭中明確指出，我們正在進入氣候危機中。而 2021 年發佈的 IPCC 第六次評估報告第一工作組報告警示，目前全球氣溫較工業化之前已升高 1.1 度，未來 20 年內或升高超過 1.5 度。如果二氧化碳濃度延續過去的增長態勢，人類將快速逼近「氣候臨界」的狀態，全球溫升一旦突破臨界點，氣候災害發生頻率和強度將大幅上升。2021 年以來，氣候變化帶來的極端性氣候災害在全球頻發，尤其是 2022 年在全球範圍內蔓延的極端高溫和乾旱天氣，使得人們認知到「氣候臨界」正在加速迫近，氣候變化對人類生存帶來的巨大風險與安全效應進一步突顯。

人類是一榮俱榮、一損俱損的命運共同體。宇宙只有一個地球，地球是人類共有的家園。自進入工業文明時代以來，人類在創造巨大物質財富的同時，也加速了對自然資源的掠奪，打破了地球生態系統平衡，人與自然的深層次矛盾日益顯現，特別是工業革命以來，發達國家大量消耗化石燃料，排放大量二氧化碳等溫室氣體，造成全球氣候變暖的加劇。近年來，生物多樣性喪失、荒漠化加劇等也給人類生存和發展帶來嚴峻挑戰。面對全球

氣候治理前所未有的困難，沒有哪個國家能夠獨善其身，也沒有哪個國家能夠獨自應對這一系列挑戰，國際社會應以前所未有的雄心和行動，勇於擔當，勠力同心，共同構建人與自然生命共同體。人類面臨的所有全球性問題，任何一國都無法單獨解決，必須開展全球性的合作來共同應對。2015 年《巴黎協定》的達成是全球氣候治理史上的里程碑，但這絕不是人類社會開展全球生態環境合作的終點，而是新的起點。作為全球治理的一個重要領域，應對氣候變化的全球努力是一面鏡子，給我們探索未來全球治理模式、推動構建人類命運共同體帶來寶貴啟示。只有倡導綠色、低碳、循環、可持續的生產生活方式，平衡推進聯合國 2030 年可持續發展議程，不斷開拓生產發展、生活富裕、生態良好的文明發展道路，才能共建一個清潔美麗的世界。

中共十八大以來，中國秉持人類命運共同體理念，加強應對氣候變化、生物多樣性保護等領域國際合作，認真履行國際公約，主動承擔同國情、發展階段和能力相適應的環境治理義務，為全球提供了更多公共產品，展現了負責任大國的擔當。

中國積極提高國家自主貢獻力度，科學有序推進「雙碳」工作，為全球應對和減緩氣候變化作出貢獻。減少溫室氣體排放是解決全球氣候變化問題的有效途徑，在這一方面，中國對此做出了具體的減排承諾並將其付諸了行動。中國以加快推進經濟社會發展的綠色轉型為引領，在不斷推進和優化產業升級，大力加強生態環境保護、推動節能減排方面走出了一條生態優先、綠色發展的路子。中國不斷提高碳排放強度削減幅度，不斷強化自主貢獻目標，以最大努力提高應對氣候變化力度。2015 年，中國向聯合國氣候變化框架公約祕書處提交了應對氣候變化國家自主貢獻

文件《強化應對氣候變化行動 —— 中國國家自主貢獻》，提出了到 2030 年中國強化應對氣候變化的行動目標、政策和措施等。習近平在第七十五屆聯合國大會一般性辯論上的講話中強調，中國將提高國家自主貢獻力度，採取更加有力的政策和措施，二氧化碳排放力爭於 2030 年前達到峰值，努力爭取 2060 年前實現碳中和。近年來，中國採取一系列政策措施，使溫室氣體排放得到有效控制。2020 年中國碳排放強度比 2015 年降低 18.8%，比 2005 年降低 48.4%，超過了向國際社會承諾的 40% 至 45% 的目標。「十四五」規劃和 2035 年遠景目標綱要明確將「單位國內生產總值能源消耗和二氧化碳排放分別降低 13.5%、18%」作為「十四五」時期要實現的目標。作為最大的發展中國家，中國在推進「雙碳」工作，提高國家自主貢獻度上的努力有目共睹，中國積極的減排行動為國際氣候合作提供了有力支持。

【案例】

中國積極推動《巴黎協定》的達成

《巴黎協定》於 2015 年 12 月在巴黎氣候變化大會上達成，這是全球氣候變化治理的里程碑式事件，標誌着全球氣候治理進入由下而上的治理階段。《巴黎協定》的簽署標誌着中國在全球氣候治理中的角色轉型，中國由氣候談判的積極參與者轉變為應對氣候變化國際合作的貢獻者乃至引領者。

一方面，中國以國家自主行動支持《巴黎協定的》的簽署，為全球多邊氣候治理貢獻了中國智慧和中國方案；另一方面，中國通過雙邊關係積極開展同碳排放大國的氣候合

作，為《巴黎協定》的達成起到了重要的推動作用。在國家自主行動方面，中國在巴黎大會召開前就主動向聯合國氣候變化框架公約祕書處提交了《強化應對氣候變化行動——中國國家自主貢獻》這一重要報告，在該報告中，中國提出「將於 2030 年左右使二氧化碳排放達到峰值並爭取儘早實現，2030 年單位國內生產總值二氧化碳排放比 2005 年下降 60%—65%，非化石能源佔一次能源消費比重達到 20% 左右，森林蓄積量比 2005 年增加 45 億立方米左右」。中國也是世界上提出二氧化碳排放峰值年目標的唯一一個發展中國家。

2015 年 11 月，中國國家主席習近平出席了巴黎大會，並在開幕式上發表了重要講話，這是中國最高領導人首次出席氣候公約締約方大會。習近平主席在發言中表示中國積極倡導在氣候變化問題上加強南南合作，願意出資 200 億人民幣設立中國氣候變化南南合作基金，為廣大發展中國家應對氣候變化提供資金支持，並承諾於 2016 年開始啟動在發展中國家開展「十百千」項目。

中國是一個人口眾多的發展中國家，也是全球範圍內遭受氣候變化不利影響最為嚴重的國家之一。當前中國正處於工業化提質升級、城鎮化快速發展的階段，也面臨着發展經濟、消除貧困、改善民生和應對氣候變化的多重挑戰。積極應對全球氣候變化不僅是中國促進經濟社會綠色化轉型，保障能源安全、生態安全和人民生命財產安全的內在要求，同時也是推動共建人類命運共同體的責任擔當。上述行動表明中國在應對全球氣候變化上的決心已經提高到了一個新的高度，參與全球氣候治理的意願和能力也在不斷提高。

中國重視應對氣候變化南南合作，維護發展中國家的發展權益，在更大範圍內推動綠色低碳發展。中國作為發展中國家的代表，在國際氣候談判過程中發揮着不可替代的作用，積極為發展中國家爭取權益，努力確立和維護了「共同但有區別的責任」的國際氣候合作的基本原則。長期以來，中國本着「量力而行、盡力而為」的原則，向其他發展中國家提供力所能及的援助，幫助對方應對氣候變化問題。隨着中國經濟實力的增強，中國增加國際貢獻的力度，進一步加大氣候援助規模。2011 年至 2014 年，中國提供了累計 2.7 億元（約合 4400 萬美元）的資金，推進氣候變化南南合作。中國與烏干達、布隆迪等 12 個國家簽署了應對氣候變化物資贈送的諒解備忘錄。2015 年，中國宣佈設立 200 億元人民幣的「中國氣候變化南南合作基金」，並啟動「十百千」項目，在發展中國家開展 10 個低碳示範區、100 個減緩和適應氣候變化項目及 1000 個應對氣候變化培訓名額的合作項目，在實踐中助推發展中國家實現綠色低碳轉型。

　　中國積極參與並推動多邊氣候治理進程，推動建立應對氣候變化合作機制。開展穩定和長期的應對氣候變化的國際合作離不開制度的支撐，為了實現和平、發展、合作、共贏，各國需要攜手應對氣候變化帶來的挑戰。從參與合作主體上看，更為有效的國際氣候合作機制必須超越不同國家間社會制度、意識形態、歷史文化等方面的差異，調動國際社會所有成員的積極性；從參與合作效果上看，更為有效的國際氣候合作機制將展現寬廣的包容性，最大限度地匯聚國際社會成員的有益貢獻；從參與合作規則上看，更為有效的國際氣候合作機制必須遵循公平、公正的原則，堅決反對恃強凌弱。在聯合國氣候變化巴黎大會上，習近平

就指出要攜手構建合作共贏、公平合理的氣候變化治理機制，強調各方要展現誠意、堅定信心、齊心協力，推動建立公平有效的全球應對氣候變化機制，實現更高水平全球可持續發展，構建合作共贏的國際關係。

【案例】

中國組織召開《生物多樣性公約》
第十五屆締約方大會

除了促進《巴黎協定》的達成，中國還在全球踐行聯合國《生物多樣性公約》方面做了諸多工作，付出了巨大的努力。《生物多樣性公約》是一項保護地球生物資源的國際性公約，旨在保護瀕臨滅絕的植物和動物，最大限度地保護地球上的多種多樣的生物資源，以造福於當代和子孫後代。該公約於 1992 年 6 月 1 日在聯合國環境規劃署發起的政府間談判委員會第七次會議上通過，1992 年 6 月 5 日，各簽約國在巴西里約熱內盧舉行的聯合國環境與發展大會上簽署該公約，公約於 1993 年 12 月 29 日正式生效，常設祕書處設在加拿大的蒙特利爾。自 1994 年起，每兩年數千名來自不同國家的代表齊聚締約方大會，討論如何保護生物多樣性。

2016 年 12 月，中國獲得了 2020 年第十五次締約方大會主辦權。《生物多樣性公約》締約方大會第十五次會議，是聯合國首次以生態文明為主題召開的全球性會議。大會以「生態文明：共建地球生命共同體」為主題，旨在倡導推進全球生態文明建設，強調人與自然是生命共同體，努力達成公約

提出的到 2050 年實現生物多樣性可持續利用和惠益分享，實現人與自然和諧共生的美好願景。

會議於 2021 年 10 月在中國昆明舉行，國家主席習近平以視頻方式出席《生物多樣性公約》第十五次締約大會領導人峰會並發表主旨講話。10 月 13 日，聯合國《生物多樣性公約》第十五次締約方大會第一階段會議通過《昆明宣言》。《昆明宣言》承諾加快並加強制定和更新本國生物多樣性保護戰略與行動計劃；優化和建立有效的保護地體系；積極完善全球環境法律框架；增加為發展中國家提供實施「2020 年後全球生物多樣性框架」所需的資金、技術和能力建設支持；進一步加強與《聯合國氣候變化框架公約》等現有多邊環境協定的合作與協調行動，以推動陸地、淡水和海洋生物多樣性的保護和恢復。確保制定、通過和實施一個有效的「2020年後全球生物多樣性框架」，以扭轉當前生物多樣性喪失，並確保最遲在 2030 年使生物多樣性走上恢復之路，進而全面實現人與自然和諧共生的 2050 年願景。

2022 年 12 月，《生物多樣性公約》第十五屆締約方大會第二階段會議在加拿大蒙特利爾正式開幕，中國繼續作為主席國領導大會實質性和政治性事務。近 40 個締約方和利益攸關方宣佈一系列重大行動與承諾，會議通過約 60 項決定，達成了歷史性的成果文件——「昆明—蒙特利爾全球生物多樣性框架」（以下簡稱「框架」）。「框架」及相關決定歷史性地納入了遺傳資源數字序列信息（DSI）的落地路徑，歷史性地決定設立「框架」基金，歷史性地描繪了 2050 年「人與自然和諧共生」的願景，是一個富有雄心、平衡、務

實、有效、強有力且具變革性的一攬子解決方案，將指引國際社會共同努力讓生物多樣性走上恢復之路並惠益全人類和子孫後代。

二、推進共建綠色「一帶一路」

2017 年 5 月，原環境保護部、外交部、發展改革委、商務部聯合發佈了《關於推進綠色「一帶一路」建設的指導意見》（以下簡稱指導意見）。指導意見系統闡述了建設綠色「一帶一路」的重要意義，明確要求要以和平合作、開放包容、互學互鑒、互利共贏的「絲綢之路精神」為指引，牢固樹立創新、協調、綠色、開放、共享發展理念，堅持各國共商、共建、共享，遵循平等、追求互利，全面推進「政策溝通」「設施聯通」「貿易暢通」「資金融通」和「民心相通」的綠色化進程。

指導意見提出，用 3—5 年時間，建成務實高效的生態環保合作交流體系、支撐與服務平台和產業技術合作基地，制定落實一系列生態環境風險防範政策和措施；用 5—10 年時間，建成較為完善的生態環保服務、支撐、保障體系，實施一批重要生態環保項目，並取得良好效果。指導意見從加強交流和宣傳、保障投資活動生態環境安全、搭建綠色合作平台、完善政策措施、發揮地方優勢等方面作出了詳細安排。

推進綠色「一帶一路」建設是傳播生態文明理念、實現綠色發展的內在要求。綠色「一帶一路」建設以生態文明與綠色發展理念為指導，堅持資源節約和環境友好原則，提升政策溝通、設

施聯通、貿易暢通、資金融通和民心相通（以下簡稱「五通」）的綠色化水平，將生態環保融入「一帶一路」建設的各方面和全過程。推進綠色「一帶一路」建設，有助於增進沿線各國政府和民眾的相互理解與支持，廣為傳播中國的生態文明和綠色發展的理念，推動促進沿線國家和地區共同實現 2030 年可持續發展目標，為「一帶一路」建設提供有力的服務、支撐和保障。

推進綠色「一帶一路」建設是參與全球環境治理，推動構建人類命運共同體的重要實踐。推進綠色「一帶一路」建設，是順應和引領綠色、低碳、循環發展國際潮流的必然選擇，是增強經濟持續健康發展動力的有效途徑。推進綠色「一帶一路」建設，應將資源節約和環境友好原則融入國際產能和裝備製造合作全過程，促進企業遵守相關環保法律法規和標準，促進綠色技術和產業發展，提高中國參與全球環境治理的能力。同時，推進綠色「一帶一路」建設是服務打造利益共同體、責任共同體和命運共同體的重要舉措。全球和區域生態環境挑戰日益嚴峻，良好生態環境成為各國經濟社會發展的基本條件和共同需求，防控環境污染和生態破壞是各國的共同責任。推進綠色「一帶一路」建設，有利於務實開展合作，推進綠色投資、綠色貿易和綠色金融體系發展，促進經濟發展與環境保護雙贏，服務於構建人類命運共同體的總目標。

在總體要求方面，開展綠色「一帶一路」建設應按照中共中央和國務院決策部署，以和平合作、開放包容、互學互鑒、互利共贏的「絲綢之路」精神為指引，牢固樹立創新、協調、綠色、開放、共享發展理念，堅持各國共商、共建、共享，遵循平等、追求互利，全面推進「五通」綠色化進程，建設生態環保交流合

作、風險防範和服務支撐體系，搭建溝通對話和產業技術合作平台，積極構建政府引導、企業推動、民間促進的立體合作格局，為推動綠色「一帶一路」建設作出積極貢獻。同時要堅持綠色「一帶一路」開展的基本原則理念先行，合作共享。突出生態文明和綠色發展理念，注重生態環保與社會、經濟發展相融合，積極與沿線國家或地區相關戰略、規劃開展對接，加強生態環保政策對話，豐富合作機制和交流平台，促進綠色發展成果共享。

在具體原則方面，開展綠色「一帶一路」建設一是要堅持綠色引領，環保支撐的原則。推動形成多渠道、多層面生態環保立體合作模式，加強政企統籌，鼓勵行業和企業採用更先進、環境更友好的標準，提高綠色競爭力，引領綠色發展；二是要堅持依法依規，防範風險的原則。推動企業遵守國際經貿規則和所在國生態環保法律法規、政策和標準，高度重視當地民眾生態環保訴求，加強企業信用制度建設，防範生態環境風險，保障生態環境安全；三是堅持科學統籌，有序推進的原則。加強部門統籌和上下聯動，根據生態環境承載力，推動形成產能和裝備製造業合作的科學佈局；依託重要合作機制，選擇重點國別、重點領域有序推進綠色「一帶一路」建設。

在主要任務方面，開展綠色「一帶一路」建設首先要全面服務「五通」，促進綠色發展，保障生態環境安全。一是突出生態文明理念，加強生態環保政策溝通，促進民心相通。按照「一帶一路」建設總體要求，圍繞生態文明建設、可持續發展目標以及相關環保要求，統籌國內國際現有合作機制，發揮生態環保國際合作窗口作用，加強與沿線國家或地區生態環保戰略和規劃對接，構建合作交流體系；發揮傳統媒體和新媒體的作

用，廣為宣傳中國的生態文明和綠色發展理念，講好中國的綠色故事；支持環保領域的 NGO 組織與沿線國家相關組織建立起民間的合作關係，聯合開展形式多樣的生態環保國際合作與公益活動；二是在建設項目時要做好基礎工作，預防生態環境風險。在項目建設初期和過程中要充分了解項目所在國和所在地的生態環境狀況和相關環保要求，識別生態環境敏感區和脆弱區，開展綜合生態環境影響評估，合理佈局產能合作項目，提升生態環境風險防範能力，為「一帶一路」建設提供生態環境安全保障；三是推進綠色貿易發展，促進綠色生產和綠色消費。提高環保產業開放水平，擴大綠色產品和服務的進出口；加快綠色產品評價標準的研究與制定，推動綠色產品標準體系構建，加強國際交流與合作，推廣中國的綠色產品標準，減少綠色貿易壁壘。加強綠色供應鏈管理，推進綠色生產、綠色採購和綠色消費，加強綠色供應鏈國際合作與示範，以市場手段降低產業發展對生態環境的不良影響。

【案例】

綠色絲路使者計劃

「一帶一路」倡議提出以來，秉持綠色發展理念，依託「綠色絲綢之路」建設，中國與各方積極攜手，推動落實聯合國 2030 年可持續發展議程，讓綠色切實成為共建「一帶一路」的底色。而作為綠色絲綢之路建設的重要平台——綠色絲路使者計劃，通過開展論壇交流、人才培養、技術合作、成果展示等方式，與「一帶一路」沿線國家進行了一系列務

實合作，有利提升了沿線國家的環保意識和管理水平，成為共建「綠色絲綢之路」一塊靚麗的合作品牌。

綠色絲路使者計劃起源於 2011 年啟動的中國 — 東盟綠色使者計劃。該計劃實施後，很快成為中國探索開展南南環境合作、推動區域環保能力建設、促進區域可持續和綠色發展的重要平台。2016 年，為落實國家領導人的倡議，做好綠色「一帶一路」的生態環保支撐，中國 — 東盟綠色使者計劃正式升級為綠色絲路使者計劃。升級後的綠色絲路使者計劃，通過開展生態環境管理能力建設合作活動、青年先鋒活動、環保技術和產業交流合作及示範等，與「一帶一路」沿線國家開展了一系列友好交流與務實合作。

2017 年 5 月，中國政府發佈《「一帶一路」生態環境保護合作規劃》，提出實施 6 大類 25 個重點項目，綠色絲路使者計劃正是重點項目之一，並要求加強「一帶一路」沿線國家環境管理人員和專業技術人才的互動與交流，提升沿線國家的環保意識和環境管理水平。

綠色絲路使者計劃實施 11 年來，受到包括東盟各國在內的「一帶一路」沿線國家的高度評價。2014 年，該計劃的主要實施單位 —— 中國 — 東盟環境保護合作中心，被列入由東盟國家制定的《東盟環境教育行動計劃 2014—2018》重要合作夥伴。2019 年 3 月，越南自然資源與環境部副司長吳俊勇在深圳參加完一次綠色絲路使者計劃活動後興奮地說：「這是我第一次參加綠色絲路使者計劃的活動。通過活動，我進一步了解到中國生態文明的理念，感受到中國在推動自身環境質量改善、應對氣候變化方面所採取的有效行動，這對越

南未來相關工作的開展具有參考價值。」

中國在生態文明建設的成功經驗，成為綠色絲路使者計劃學習和交流的重要內容。而綠色絲路使者計劃在開展諸多相關活動的同時，也意識到培養「一帶一路」環保人才的重要性，並將培養理念先進、視野開闊、知識豐富、業務精通的綠色使者作為工作重心。2017 年 11 月 27 日，「綠色絲路使者計劃」——中國—東盟空氣質量管理技術研討班在中國蘇州開班。該班的主要學員來自東盟國家環境部門，他們通過研討班，了解中國大氣污染防治工作，熟悉中國大氣污染防治相關政策、制度和中國空氣環境管理經驗、防治技術，服務綠色「一帶一路」建設。

該研討班屬於綠色絲路使者計劃開設的環保援外研修班。環保援外研修班是中國幫助「一帶一路」沿線國家提高環保能力和水平的重要內容，被聯合國譽為「南南合作典範」。據統計，「一帶一路」倡議提出以來，綠色絲路使者計劃舉行了上百期研修班，培訓了來自非洲、亞洲、拉美等地區的 120 個發展中國家的 3000 餘名環境官員和技術人員，系統介紹了中國環保政策、制度和經驗，推動了相關國家在環保領域的能力建設。環保援外研修班讓「一帶一路」沿線國家的諸多學員受益匪淺。

其次，開展綠色「一帶一路」建設要加強合作平台建設，提供全面支撐與服務。 加強環保合作機制和平台建設，完善國際環境治理體系。應以綠色「一帶一路」建設為統領，充分統籌迸發揮現有的雙邊和多邊生態環境國際合作機制，不斷創新生態環境

國際合作模式，強化中國—東盟、上海合作組織、中非合作論壇等合作機制和平台作用，建設政府、企業、社會組織和公眾多元參與的合作平台；還應加強生態環境領域科技人員的交流，推動科研機構、智庫等聯合創立生態環境的科研平台，為綠色「一帶一路」提供源源不斷的智力支持；同時還應積極加強生態環境領域大數據建設，發揮國家重大信息基礎設施的作用，推進環保相關信息和數據的共享與公開，合作開發綠色「一帶一路」生態環保大數據的服務平台，為綠色「一帶一路」建設提供綜合環保信息支持與保障。

再次，開展綠色「一帶一路」建設要制定完善的政策措施，加強政企統籌，保障綠色「一帶一路」的實施效果。一是加大對外援助支持力度，推動綠色項目落地實施。要充分發揮南南合作援助基金的作用，支持 NGO 等社會組織開展形式多樣的生態環境領域的合作。以污染防治、人員培訓與交流等為重點領域，優先開展節能減排、生態環保等基礎設施及能力建設項目，探索在境外設立生態環保合作中心；二是要在自願的原則基礎上，推動企業在節能環保方面積極作為。鼓勵環保企業開拓沿線國家市場，引導優勢環保產業集羣式「走出去」，探索與沿線國家共建生態環保園區的創新合作模式。落實《對外投資合作環境保護指南》，推動企業自覺遵守當地環保法律法規和標準，履行環境社會責任；鼓勵企業優先採用低碳、節能、環保、綠色的材料與技術工藝，同時在項目建設等過程中要加強生物多樣性保護，優先採取就地、就近保護措施，做好生態恢復；三是積極加強政企統籌，發揮企業主體作用。政府應研究制定相關文件，用以規範企業在參與綠色「一帶一路」建設中的社會責任，同時還應完善企

業對外投資的審查機制。

最後，開展綠色「一帶一路」建設還要發揮地方優勢，加強能力建設，促進項目落地。一是發揮區位優勢，明確定位與合作方向。充分發揮各地在「一帶一路」建設中區位優勢，明確各自定位。在具備條件的地方應積極建設「一帶一路」環境技術創新和轉移中心以及環保技術和產業合作示範基地，建設面向東盟、非洲、中亞、阿拉伯等地區的環保產業示範基地。推動和支持環保工業園區、循環經濟工業園區、主要工業行業、環保企業提升國際化水平，推動長江經濟帶、環渤海、珠三角、中原城市羣等支持環保技術和產業合作項目落地，支撐綠色「一帶一路」建設；二是加大統籌協調和支持力度，加強環保能力建設。要積極推動綠色「一帶一路」建設融入地方社會、經濟發展規劃，通過開展綠色「一帶一路」建設來推動地方產業轉型升級和經濟綠色發展。在黑龍江、內蒙古、新疆、雲南、廣西等邊疆省份要加強環境監管和治理能力建設，在江蘇、廣東、福建等「一帶一路」沿線省份則要提升綠色發展的水平。鼓勵各地積極參加雙多邊環保合作，推動建立省級、市級國際合作夥伴關係，積極創新合作模式，推動形成上下聯動、政企統籌、智庫支撐的良好局面。

【案例】

巴基斯坦卡洛特水電站：
傑赫勒姆河上的「綠色明珠」

位於巴基斯坦旁遮普省卡洛特地區的卡洛特水電站，是中巴經濟走廊首個水電投資項目，是一帶一路首個水電大型

投資建設項目。自 2015 年以來，一批批來自中國的建設者把中國技術和綠色理念融入項目，項目總投資約 17.4 億美元，總裝機 72 萬千瓦，年均發電量 32 億千瓦時，可滿足當地 500 萬人口用電需求。歷時 7 年多，將卡洛特水電站從構想打造成了傑赫勒姆河上的「綠色明珠」。

卡洛特水電站由中國三峽集團作為主要投資方投資建設，保護環境是卡洛特項目建設中的最優先事項。項目建設的整個過程中，中方人員在當地污水治理、廢棄物處理、周邊生物多樣性保護等方面進行了深入研究，制定了詳細計劃，以確保項目對自然環境的影響最小。卡洛特水電站位於巴基斯坦主要河流傑赫勒姆河流域梯級開發的第四級，按照開發計劃，隨着項目建設的完成和啟動，河流下游灌溉效率將得到提高，航運條件將有所改善，同時氣候變化所帶來的水旱災害也會有一定程度的緩解。據估計，卡洛特水電站項目每年可減少 350 萬噸二氧化碳排放。秉持環保優先的原則，卡洛特水電站給當地民眾帶來的不僅是電力，還有促進當地人與自然和諧共處的種種益處。

在卡洛特水電站的建設過程中，中國創新技術發揮了至關重要的作用。卡洛特水電站工程區主要為軟巖地質，易受環境變化影響，水電站大壩建設頗具挑戰。為確保項目實現節能減排目標，建設團隊在當地開展了一系列軟巖築壩的試驗分析，提出利用開挖料棄渣作為攔河大壩填築料的創新方案，大幅減少了建築材料開採、運輸等帶來的耗能。這一建設項目運用混凝土管理系統，可以做到混凝土溫度的智能動態監控與智能通水，實現節水、節電、節能；大壩施工仿真

系統可以做到碾壓設備的位置、碾壓遍數、振動頻率的實時監控與信息上傳，節省了人力，在滿足質量要求的前提下能耗最小。卡洛特水電站還規劃了完整的項目區綠化方案，選出了適應當地土壤、氣候的樹木灌木和草種，分時、分區做好場地的綠化工作，

　　為改善卡洛特水電站附近居民的生活條件，中國建設方與項目所在地政府深入合作，在當地建設了中小學、醫院、公路、公園、供水系統等各類設施，並設立了專門的獎學金，資助巴基斯坦學生到中國留學深造，打造了一場傑赫勒姆河上的「中巴情緣」。

三、廣泛開展雙多邊國際合作

　　當前，全球性生態危機成為人類共同面對的問題，保護生態環境、實現可持續發展成為各國共識。

　　中共十八大以來，中國在推動生態文明建設取得顯著成效的同時，以積極務實的態度開展生態環境國際合作與交流，主動參與推動全球環境治理，引導應對氣候變化國際合作，受到國際社會高度重視。目前，中國已與 100 多個國家開展了生態環境國際合作與交流，與 60 多個國家、國際及地區組織簽署了約 150 項生態環境保護合作文件。中國已簽約或簽署加入的與生態環境有關的國際公約、議定書等有 50 多項，涉及氣候變化、生物多樣性、臭氧層保護、危險化學品、海洋、土地退化等領域。中國參與、

中國方案和中國貢獻為推動全球環境治理向前發展提供了強大動力，中國正在成為全球生態文明建設的重要參與者、貢獻者、引領者。

在當前「十四五」建設時期，中國面臨着複雜嚴峻的世界大變局考驗。「十四五」時期，中國外部環境面臨近代以來最好的發展機遇期，也迎來百年未有之世界大變局。當前，國際形勢風雲突變，單邊主義、貿易保護主義、逆全球化暗流湧動。全球政治、經濟、社會問題和全球性環境問題關聯性日趨密切，國際金融與貿易政策對生態環境保護、應對氣候變化等造成重大負面效應，深刻影響中國「十四五」時期生態環保國際合作。

一是大國地緣政治競爭回歸。目前，中國周邊的地緣政治進入高度敏感期，美國對其「印太戰略」的鼓吹，增加了在中國周邊的軍事活動，地緣政治的錯綜複雜給中國運籌國際和國內關係，推動建設生態環境領域的雙多邊國際合作帶來了諸多不確定和不安全因素。

二是後新冠疫情時代世界經濟下行趨勢加劇。當前全球仍處在國際金融危機後的深度調整期，受到前幾年全球新冠肺炎疫情的後續性影響和世界經濟金融動盪的交織作用，世界經濟發展的不確定性在逐步加大。隨着經濟民族主義崛起，中美貿易摩擦加劇，美國、歐盟等發達國家和經濟體傾向於重新整合供應鏈，降低對中國供應鏈的依賴。尤其是受新冠肺炎疫情的影響，全球資金鏈、產業鏈、供應鏈、價值鏈和服務鏈變動重組，一些大型跨國企業將重新思考全球供應鏈的潛在風險和管理難度。一方面可能會推動供應鏈的本土化，加速全球價值鏈重塑，威脅全球產業

鏈的穩定；另一方面也可能加速逆全球化的進程，減緩國際貿易的增長速度，進而加劇國與國之間的衝突與摩擦。

三是全球治理面臨嚴峻挑戰。受逆全球化思潮的影響，保護主義、單邊主義愈演愈烈。傳統多邊治理機制弊端顯現，多邊主義受挫，全球主義遇到諸多瓶頸。聯合國的權威面臨嚴峻挑戰，世界貿易組織改革被提上日程，二十國集團內部裂痕加大，聯合國 2030 年可持續發展目標的實現面臨嚴峻挑戰。

【案例】

積極開展中美氣候變化合作

中國積極開展氣候變化的雙邊合作，中美氣候變化合作就是一個很好的例子。中美兩國作為世界上碳排放量最大的兩個國家，其應對氣候變化的態度將在全球氣候治理中起到關鍵性的作用。2014 年 11 月，中美氣候變化聯合聲明宣佈了雙方在 2020 年後應對氣候變化的相應舉措，重申了雙方建設性合作的重要性，並呼籲其他國家共同採取雄心勃勃的行動，這為後來巴黎協定的達成起到了關鍵性的作用。在聯合聲明中，中國承諾「在 2030 年左右達到二氧化碳排放峰值，並盡最大努力儘早達到峰值，在 2030 年之前將非化石燃料在一次能源消中的份額提高到 20% 左右」。

隨後在 2015 年 9 月和 2016 年 3 月，中美兩國領導人再次就氣候變化問題發表聯合聲明，強調氣候變化問題在中美合作中的必要性，呼籲加強國內氣候行動，並推動雙邊和多

邊國際氣候合作的發展。中美三次聯合聲明的發佈意味着中國在應對氣候變化問題策略上的重大轉變，中國首次承諾對二氧化碳排放量設定上限，標誌着中國開始將減緩氣候變化置於優先地位；此外，中美兩國的共同聲明也使得發達國家和發展中國家第一次在應對氣候變化問題上處於類似平等的地位。除了中美氣候雙邊合作外，中歐氣候變化聯合聲明、中印氣候變化聯合聲明、中法元首氣候變化聯合聲明等雙邊氣候合作也表明中國用實際行動證明了自己在全球氣候治理中的引領者角色。

但與此同時，中國在拓展生態環境保護國際合作的廣度和深度方面也迎來了諸多新機遇。隨着中國生態文明建設進入關鍵期、攻堅期和窗口期，為更好地服務國內生態環境質量改善、打贏污染防治攻堅戰、構建現代環境治理體系，在結合國內重點生態環境問題的基礎上，需要更深入開展生態環境保護國際合作。

一是生態環境保護國際合作與交流更廣泛。隨着生態環境部門職能的改革擴充，包括地上和地下、岸上和水裏、陸地和海洋、城市和農村、一氧化碳和二氧化碳「五個打通」的實現，海洋生態環境、跨流域生態保護、極地生態環境保護、生物多樣性和生態系統保護等方面將被賦予新的合作內涵。

二是生態環境保護國際合作與交流更深入。經過改革開放40多年的快速發展，中國經濟規模已經穩居世界第二，國際影響力明顯增強，國際社會普遍希望中國積極投身到全球環境治

理體系中。尤其是中共十八大以來，中國的國際影響力明顯增強，中國提出的全球氣候治理的議案和戰略得到了國際社會的積極響應，打造人類命運共同體、共建「一帶一路」、建立亞洲基礎設施投資銀行等倡議得到國際社會的積極響應和廣泛參與。隨着美國單邊主義、保護主義日益抬頭，國際社會期待中國在全球環境治理方面發出中國倡議、樹立中國標杆，中國在推動國際環境治理體系變革方面迎來機遇、大有可為。中國在推動實現聯合國可持續發展目標方面也迎來了重要的機遇。當前，全球實現聯合國 2030 年可持續發展目標迎來關鍵十年。然而，目前世界各國，尤其是亞太諸國的發展普遍面臨一些比較嚴峻的挑戰，僅靠自身國內的調整無法解決，各國必須開展更為有效的國際合作。

【案例】

中國積極主辦《濕地公約》
第十四屆締約方大會

2022 年 11 月，《濕地公約》第十四屆締約方大會正式舉辦，在中國武漢設線上線下主會場，在瑞士日內瓦設分會場，這是中國首次承辦該國際會議，此次會議的主題是「珍愛濕地，人與自然和諧共生」。11 月 5 日，習近平主席以視頻方式出席在武漢舉行的《濕地公約》第十四屆締約方大會開幕式逕發表致辭。習近平主席指出：「古往今來，人類逐水而居，文明伴水而生，人類生產生活同濕地有着密切聯繫。

本次大會以『珍愛濕地，人與自然和諧共生』為主題，共謀濕地保護發展，具有十分重要的意義。我們要深化認識、加強合作，共同推進濕地保護全球行動。」大會通過了《武漢宣言》，在《武漢宣言》起草過程中，經締約方多輪磋商，最大程度凝聚各方共識，並在此基礎上達成 12 項共同行動，體現了中方作為負責任大國的擔當和對全球濕地保護和合理利用的引領。

宣言指出，濕地是全球重要生態系統之一，濕地保護、修復、管理以及合理和可持續利用，對於應對氣候變化和生物多樣性喪失等緊迫環境、社會和經濟挑戰至關重要，同時保障着人類和整個地球的健康和福祉安全。自《濕地公約》締結 51 年來，儘管已指定 2466 個國際重要濕地，認定了 43 個濕地城市，發起了 19 項區域倡議，各方為實現濕地持續保護做出了許多努力，但全球自然濕地面積仍減少了 35%。《武漢宣言》呼籲，從各種渠道籌措更多資源，以強化實施濕地公約第四期戰略計劃，並制定具有更大力度的第五期戰略計劃，在 2030 年前採取更有影響力的行動。

大會還達成了《2025—2030 年全球濕地保護戰略框架》，該框架明確，將確保第五期戰略計劃與第四期目標的一致性和連續性，並聚焦濕地保護和修復在促進可持續發展和應對全球環境挑戰方面的作用，加快推進濕地保護和修復行動，遏制濕地退化。同時要加強國際合作，包括能力建設、技術和科學合作與交流等。戰略計劃的制定將充分協同全球可持續發展議程、全球生物多樣性框架、氣候變化目標、「聯合國

生態系統恢復十年」行動計劃、政府間生物多樣性與生態系統服務科學政策平台等最新進展。同時，大會期間共通過 21 項決議，其中中國提議的《設立國際紅樹林中心》《將濕地保護和修復恢復納入國家可持續發展戰略》《加強小微濕地保護和管理》等三項決議獲得通過，有力促進全球濕地保護事業的高質量發展。

當前，中國開展生態環境國際合作應着重做好以下三項重點舉措。**一是推動綠色「一帶一路」建設成為區域生態環境國際合作的平台與高地。**首先是充分發揮「一帶一路」綠色發展國際聯盟和生態環保大數據服務平台作用，開展一批惠及民生的生態環保務實合作項目，將綠色「一帶一路」建設打造成為區域高質量發展的重要內容；其次是結合周邊地緣政治變化形勢，強化戰略佈局，進一步突出重點，開展重點戰略和關鍵項目環境評估，提高生態環境風險防範與應對能力，確保重點地區和重點項目生態環境安全；推動實施「一帶一路」可持續城市聯盟、綠色絲路使者計劃、應對氣候變化南南合作計劃，協同推進綠色消費、綠色金融、綠色供應鏈、綠色技術交流應用，為共建國家提供可借鑒、可複製的中國方案，共謀實現可持續發展目標。

二是要更具建設性的加強中國與周邊國家雙邊及多邊生態環境國際合作。首先要識別並高度重視環境合作中的敏感領域，做好國內污染物減排工作，積極防範跨界污染傳輸風險。高度關注核安全、環境與貿易等領域的風險防範。針對突發跨境環境事件，建立完善多形式、多渠道、多層次、多領域的聯絡機

制；其次要不斷拓展與東盟國家、上合組織、瀾滄江—湄公河區域國家的合作領域，分析找準雙多邊環境合作需求，按合作進程深入研究分析合作機制的痛點、堵點，針對區域環境合作平台的不同內容、形式和特點，細化參與舉措，通過精準合作發揮建設性作用。不斷拓展雙邊合作領域，加大實際投入，使合作方切實受益，通過務實合作提升引導合作的能力；再次要積極提升參與環境規則制定的能力和水平，健全區域生態環境和社會安全保障制度規範，主動輸出中國的法律法規和環境技術標準，加強雙多邊層面生態環境領域標準對接，引導制定區域環境治理規則和體系。

三是要堅決維護多邊主義立場，積極參與全球環境治理體系變革。首先是要堅守發展中國家地位，在環境國際公約談判中切實維護中國應有的利益，承擔並履行好同發展中大國相適應的國際責任，扎實全面履行中國已簽署的環境國際公約方面的責任與義務。積極落實溫室氣體減排的國際承諾，持續推動氣候變化南南合作；其二，積極搭建國際環境履約支撐平台，深化國際環境履約與國內環境質量改善的工作的糅合協同效應，健全履約工作國內資金支撐機制。以《生物多樣性公約》第十五次締約方大會為契機，倡導制定更具雄心的生物多樣性保護目標，推動構建國際生物安全風險防控體系；其三，積極倡導和踐行多邊主義，反對單邊主義和保護主義，努力維護國際環境合作秩序，積極配合聯合國環境規劃署等國際機構的工作，落實聯合國《2030年可持續發展議程》，積極參與全球環境治理體系革新，積極引領疫後綠色復甦和可持續發展。

【案例】

生態文明貴陽國際論壇：中國唯一以生態文明為主題的國家級和國際性峰會

生態文明貴陽國際論壇是經中央批准，中國唯一以生態文明為主題的國家級、國際性高端峰會。論壇致力於匯聚政府、商界、學界、科技界、媒體、民間及其他各界領導者開展交流與合作，傳播生態文明理念，分享知識與經驗，匯集最佳案例，促進政策的落實與完善，抓住綠色發展轉型和升級的戰略機遇，應對生態安全的挑戰，為跨領域、跨行業、跨部門合作提供橋樑，使與會各方增進了解，建立互信，找到利益匯合點，從而形成國際、地區、產業的議程，共商解決方案。

生態文明貴陽國際論壇的前身是生態文明貴陽會議。為普及生態文明理念、探索生態文明建設規律、借鑒國內外成果推動生態文明實踐、打造對外交流合作平台，貴州 2008 年開始謀劃舉辦生態文明貴陽會議。在國家有關部委的大力支持下，2009 年至 2012 年，連續四年舉辦了生態文明貴陽會議，每年一屆，給各方留下深刻印象，影響逐漸擴大。2013年生態文明貴陽會議升格為國家級國際性論壇，成為中國唯一以生態文明為主題的國際論壇。在歷屆年會中，多位現任外國政要、前政要出席論壇，數千名政府官員、諾貝爾獎獲得者、著名學者、商業領軍者、民間組織負責人等各界人士參與論壇，共商應對人類面臨挑戰的解決方案，形成了豐碩

的思想成果和實踐成果。

2021 年 7 月，2021 年生態文明貴陽國際論壇召開，22 個主題論壇和 6 場重大活動，來自 78 個國家和地區的 1800 多名嘉賓，或聚首「雲端」，或親臨現場，圍繞「低碳發展綠色轉型──共同構建人與自然生命共同體」主題，碰撞思想、凝聚共識、暢想未來，共同呈現了一場生態文明的全球盛會。論壇上，各界各方嘉賓在發言中紛紛表達了對共建人與自然生命共同體的高度贊同。充分表明，建設生態文明、推動低碳綠色發展成為不同膚色、不同國家、不同民族人們的共同追求。泰國公主瑪哈·扎克里·詩琳通表示：「世間萬物都是互聯互通的，現在是文明擁抱生態的最佳時機，本次論壇為我們攜手共建全球生態文明提供了很好的機會。」

後 記
Postscript

　　良好生態環境是最公平的公共產品、最普惠的民生福祉，是美好生活的基礎、人民共同的期盼。中華民族尊重自然、保護自然，生生不息、繁衍發展，改革開放後中國把可持續發展確立為國家戰略，大力推進社會主義生態文明建設。2012年以來，中國堅持綠水青山就是金山銀山的理念，堅定不移走生態優先、綠色發展之路，促進經濟社會發展全面綠色轉型，建設人與自然和諧共生的現代化，創造了舉世矚目的生態奇跡和綠色發展奇跡，美麗中國建設邁出重大步伐。中國的綠色發展，為地球增添了更多「中國綠」，既造福了中國，也造福了世界。本書講述了過去半個世紀特別是近十幾年來年，中國政府站在人與自然和諧共生的高度謀劃發展，順應人民對美好生活的新期待，協同推進經濟社會高質量發展和生態環境高水平保護，走出一條生產發展、生活富裕、生態良好文明發展道路的「中國故事」。中國生態環境保護的生動實踐，是這一故事發生的時代背景，其意義之深遠、案例之豐富、成果之巨大，為講故事的人提供了生動素材，也提出了比較高的寫作要求。如何準確展示中國生態環境保護的歷程、經驗和成果，宣傳推廣各地綠色轉型發展的成功案例，總結生態文明建設實踐中存在的問題和不足，對寫作者是個很大的考驗。

本書作者來自中國生態環境保護和生態文明建設理論與實踐研究的一線，主持撰寫的是中國生態文明研究與促進會研究部主任胡勘平。北京大學曹得寶博士，中國生態文明研究與促進會研究部高級主管聶春雷、薛瑤和何傑博士全過程參與了初稿的起草和編輯等工作。王春永、張海鷗等出版專家的悉心指導，賈衛列、于守山、黎祖交、郇慶治、林震、盧風、溫宗國、張雲飛、劉軍會等生態環境保護和生態文明建設領域專家學者的熱情幫助，作者所在單位領導們的全力支持，都為對本書編寫工作任務的順利完成提供了有力的保障。在此，一併致以誠摯的謝意！

書稿中參考引用了生態文明建設和生態環境保護方面的一些官方報告、領導講話和學界成果。其中，關於中國生態環境狀況的數據，主要來自於生態環境部發佈的《2022 中國生態環境狀況公報》和《2022 年中國海洋生態環境狀況公報》等最新官方報告。文中對參考材料、論述和數據的出處做了說明，但很可能還會有一些遺漏，懇請涉及的機構和專家海涵。在修訂過程中，我們將儘量作出補充說明或內容調整。

講好中國生態文明故事，目的就是面向世界，面向未來為建設美麗中國和美好世界進一步凝聚共識、匯聚力量，讓生態文明理念的綠色種子根植於更多人的內心，讓更多的人成為全球生態文明建設的支持者和行動者。如果本書能夠在這方面發揮一點積極作用，我們會感到非常欣慰。對書中存在問題和我們做的不夠到位之處，也希望讀者朋友們不吝指出，以便我們能夠及時改進，把今後的相關工作中做得更好。

作者謹識於 2023 年世界環境日前夕

當代中國生態環境

胡勘平　曹得寶　著

責任編輯　蕭　健
裝幀設計　鄭喆儀
排　　版　林筱晨
印　　務　劉漢舉

出版　　中華書局（香港）有限公司
　　　　香港北角英皇道 499 號北角工業大廈一樓 B
　　　　電話：（852）2137 2338　傳真：（852）2713 8202
　　　　電子郵件：info@chunghwabook.com.hk
　　　　網址：http://www.chunghwabook.com.hk

發行　　香港聯合書刊物流有限公司
　　　　香港新界荃灣德士古道 220-248 號
　　　　荃灣工業中心 16 樓
　　　　電話：（852）2150 2100　傳真：（852）2407 3062
　　　　電子郵件：info@suplogistics.com.hk

印刷　　美雅印刷製本有限公司
　　　　香港觀塘榮業街 6 號 海濱工業大廈 4 樓 A 室

版次　　2024 年 1 月初版
　　　　© 2024 中華書局（香港）有限公司

規格　　32 開（210mm×145mm）

ISBN　　978-988-8861-09-5